KB209510

한뼘
철학

한뼘 철학

초판 1쇄 발행 2025년 1월 9일

엮은이 꿈틀러스 / **펴낸곳** 아이디어스토리지 / **펴낸이** 배충현
출판등록 2016년 10월 14일(제 2016-000203호)
전화 (031)970-9102 / 팩스 (031)970-9103
이메일 ideastorage@naver.com

ISBN 979-11-989580-1-3 (03100)

한뼘
철학

인생의 길잡이가 되는
'철학의 말들'

'만학의 근본' '근본적 지혜를 추구하는 학문' '세상의
옳고 그름을 탐구하는 것'...

철학(哲學)에 대해 설명하는 여러 말들이다. 철학의 뜻
을 규정하는 여러 말들이 있지만 공통점은 하나로 귀결
된다고 할 수 있다. '인간 삶의 근본 문제에 대한 물음에
답'을 구한다는 것이다.

오랜 시간 지구상에 태초의 인류가 생겼을 때부터 인
생 '희노애락'(喜怒哀樂)에 대한 여러 의문이 생겨났을 것
으로 생각된다. 그리고 이같은 인생의 난제에 답을 구
하고자 하는 인류의 노력도 계속돼 왔다. 따라서 철학
은 인간의 역사 전체를 통해 오랜 기간 축적된 근본적

인 지혜를 추구하는 학문이라고 설명할 수 있다.

기원전부터 뿌리가 깊은 철학은 당시 모든 학문의 통칭이었다. 잘 알려진 철학자가 동시대의 신학자이자 인문학자, 과학자, 예술가들이었음은 바로 철학이 '만학의 근본'이라는 비유에 농의하게 만든다.

중요한 것은 '철학의 말들'에는 오랜 역사와 축적된 경험을 관통하는 지혜와 혜안이 담겨있다는 점이다. 우리 인생에서 여러 고민의 순간에 길잡이가 되어주고, 갑자기 마주하게 된 과제의 해결 실마리도 철학자들의 경험을 통해 얻을 수 있다.

특히 철학의 '보편성'은 오랜 세월 많은 사람들에게 지혜를 주게 되는 특징을 꼽을 수 있다. 어느 시대에서든 어느 세계에서는 통용되는 철학의 보편성이 많은 사람의 인생에 위로와 공감을 줄 수 있기 때문이다.

이 책은 기원전부터 근대까지 80명의 주요 철학자들의 지혜의 말들을 선별해 담은 책이다. 물론 헤아릴 수 없는 오랜 시간과 경험 그리고 깊고 넓은 지혜가 담긴 철학자들의 어록을 몇 개만 선별한다는 것이 무리일 수 있다.

하지만 이 책에 담긴 '철학의 말들'이 더욱 깊이 있는 철학에 대한 호기심을 펼치는 단초는 될 수 있을 것으로 생각된다.

이 책이 철학에 대한 이해의 시작뿐만 아니라 인생의 여러 순간에서 무심코 펼쳐 본 한뼘 철학 구절로 위안 받을 수 있다면 더 없이 감사할 따름이다.

_편집자 주

PART 2 | 신과 인간

PART 3   자연과 인간 그리고 진리

PART 4 | 삶과 희망

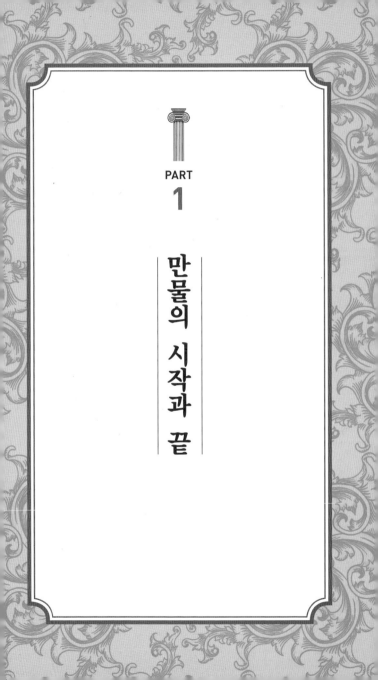

PART

1

만물의 시작과 끝

❶

"만물의 근원은
물이다."

❦

탈레스

#기원전_6세기경 #고대_그리스 #탈레스의_제자

고대 그리스 철학자 탈레스(Thales)의 대표적인 어록으로 알려진 말이다. 탈레스는 '현인'이라는 이름이 부여된 최초의 인물이다.

정치가였고 기하학자, 천문학자였던 그는 고대 그리스 항구도시 밀레투스에서 활동한 사상가였다. 특히 BC 585년 일식이 일어날 것을 예언해 명성을 얻었다고 전해진다. 하지만 그는 신화와 같은 추상적인 이야기보다 물리적인 과학에 관심이 많은 실용적 자연철학의 선구자라 할 수 있다. 따라서 그는 만물의 근원을 탐구했으며, 물이 모든 것의 근원이라고 주장했다. "만물의 근원은 물이다"란 말도 그의 철학적 관점과 자연의 이해를 보여준다고 할 수 있다.

"자신을 알라."

이 역시 인간이 자기 자신을 인식하고 성찰하는 것이 중요하다는 의미를 담은 그의 또 다른 어록으로 유명하다. 탈레스는 물리적 세계의 근원뿐만 아니라 인간의 존재와 관련된 철학적 문제에도 관심을 기울인 인물로 알려져 있다.

참고로 탈레스와 같은 고대 그리스 사람들은 신의 존재를 염두 하지 않고 과학의 신비를 풀려고 노력했다. 탈레스 역시 태초의 세상을 '신의 창조물'로 보기보다 '물'을 근원으로 생각했다는 점이 신화보다 과학적 사고의 사례라 할 수 있다.

2

"만물은 그 시작으로 되돌아간다."

〜✽〜

아낙시만드로스

#기원전_6세기경 #고대_그리스 #탈레스의_제자

아낙시만드로스(Anaximander) 탈레스의 제자이자 자연철학의 초기사상가다. 자연의 질서와 우주의 구조를 철학적으로 탐구한 선구자적 인물로 평가된다.

그는 우주의 근본 원리와 세계의 기원에 대해 탐구했다. 특히 '아페이론(ἄπειρον, 무한한 것)'을 처음 만물의 근원으로 제시한 인물이다. 만물이 특정한 물질이 아니라 무한하고 정의되지 않은 '아페이론'으로부터 생겨난다고 봤다.

그는 지구의 형성과 우주의 작동 원리에 대해 체계적인 설명을 시도한 철학자이기도 하다. 그의 주요 업적 중 하나는 최초로 천문학적 지도와 지리적 지도를 그렸다는 것이다. 또한 지구가 우주의 중심에 떠 있으며 아무것에도 의존하지 않는다는 개념을 제시한 것으로 알려져 있다.

"만물은 그 시작으로 되돌아간다. 그들은 필연적으로 서로의 불의에 대한 보복을 받으며 시간의 순환에 따라 벌을 받는다."

그의 대표 어록으로 알려진 이 말은 우주 만물의 생성과 소멸, 그리고 자연 법칙에 의해 모든 것이 균형을 이루고 순환한다는 그의 사상을 반영한다. 그는 모든 존재가 어떤 형태로든 조화롭게 균형을 유지하고 있으며, 이를 어길 경우 자연의 법칙에 따라 처벌 받는다는 개념도 제시했다.

3

"만물의 근원은
수다."

⊰⊱

피타고라스

#기원전_6~5세기경 #고대_그리스 #피타코라스_학파_창설

고대 그리스의 철학자이자 수학자인 피타고라스(Pythagoras)는 '피타고라스 학파'의 창설자이자 과학과 신비주의적 사상이 섞여 있는 인물로 알려져 있다. 고대 그리스에서 그를 따르던 피타고라스주의자들은 우주의 조화가 수(數)에 기초해 이뤄져 있다고 생각했다.

피타고라스는 수학적 원리와 우주의 조화를 연결한 것으로 잘 알려져 있으며, 그가 발견한 '피타고라스 정리'는 현대 수학에서도 중요한 공식으로 사용되고 있다.

'피타고라스 정리'는 '직각삼각형 빗변의 제곱은 다른 두 변 제곱의 합과 같다'는 것이다.

　그는 단순한 수학자가 아닌 세상의 본질을 '수'와 조화를 통해 설명하려 했다. '우주는 수의 조화'라고 본 그는 만물을 수와 비례의 원리로 이해하려했으며, 수학석 규칙이 자연의 현상과도 일치한다고 믿었다.

　특히 그는 음악의 조화도 수학적으로 설명하려는 시도를 통해 음계와 진동의 비율 사이 관계를 연구했다. 예를 들어 그는 수금(손에 들고 사용하는 하프와 비슷한 현악기)의 현의 길이를 이등분하면 한 옥타브 더 높은 음이 만들어지고 모든 조화는 전체 숫자의 비율을 나타낸다는 것을 발견했다. 이러한 조화의 개념을 피타고라스주의자들은 모든 사물에 확대시켰으며, 피타고라스도 입체 기하학은 깊이 탐구했다.

　따라서 '만물의 근원은 수'라는 말은 피타고라스의 철학을 가장 상징적으로 보여준다고 할 수 있다. 우주와 자연을 구성하는 기본 요소가 수이며, 모든 것은 수학적 질서에 따라 움직인다는 그의 세계관이 나타나기 때문이다.

"영혼은 불멸하다."

피타고라스는 죽은 후에도 영혼은 존재하며 새로운 육체로 다시 태어난다고 믿었다. 이같은 믿음은 그의 윤회 사상과 연결되고 도덕적 삶을 강조하는 피타고라스 학파의 정신적 기반을 이룬다. 특히 그는 영적 사상과 자기 성찰을 중요시하는 철학적 관점을 담아 "네 자신을 알라, 그리하여 너 자신과 신을 하나로 하라"는 말도 남겼다. 인간이 자기 자신을 알고, 이를 통해 더 높은 경지에서 신과 조화를 이루는 목표가 담긴 말이다.

요약하면, 피타고라스는 철학과 수학의 융합을 통해 자연의 법칙을 설명하려 했으며, 서양 철학과 과학 발전에 큰 영향을 끼친 인물이라 할 수 있다.

"같은 강물에 두 번 발을 담글 수 없다."

∽✷∾

헤라클리투스

#기원전_5~6세기경 #고대_그리스 #변화와_대립의_철학

헤라클리투스(Heraclitus)는 변화와 대립의 철학을 주장한 인물입니다. 그는 "만물은 끊임없이 변화한다"는 사상을 중심으로 자연과 인간의 본질을 설명하려 했다. 헤라클리투스는 변화를 세계의 근본 원리로 보았으며, 이로 인해 '변증법적 철학의 선구자'로 불리기도 합니다.

그는 '만물은 유전(流轉)한다'는 사상을 통해 세계가 끊임없이 변화하고 움직인다고 주장했다. 세상에서 변하지 않는 것은 없으며, 모든 것이 끊임없이 흐르고 변화한다고 봤다. 이러한 사상은 그의 유명한 강의 비유에서 잘 드러난다.

그는 또한 대립되는 힘들(예: 낮과 밤, 차가움과 뜨거움, 삶과 죽음)이 서로 투쟁하는 과정에서 우주가 형성된다고 여겼다. 그는 대립이 우주의 기본 원리라고 보았지만, 이 대립 속에서 결국에는 조화가 이루어진다고 주장했다.

로고스(Logos)는 그가 만물이 변화하는 원리와 우주의 이성적 질서를 명명한 말이다. 로고스는 우주를 지배하는 법칙이자, 인간이 세상을 이해할 수 있는 이성의 원리로 해석됐다.

"같은 강물에 두 번 발을 담글 수 없다." 이 말은 그의 변화 사상을 상징적으로 표현한 구절이다. 그는 모든 것이 끊임없이 변화하기 때문에, 같은 강물에 발을 담그더라도 그 물은 이미 달라져 있다고 말했다. 이 말은 세상의 모든 것이 유동적이라는 그의 철학을 가장 잘 보여준다.

"투쟁은 만물의 아버지다."

헤라클리투스는 대립과 갈등이 모든 변화와 발전의
원동력이라고 여겼다. 이 말은 대립하는 힘들이 상호
작용하며 세상의 질서를 만든다는 그의 사상을 드러낸
구절이다.

"잠든 자는 죽어 있는 자와 같다."

이 말은 인간의 무지에 대한 비판적인 시각을 나타낸
다. 그는 인간이 잠에서 깨어나 이성(로고스)을 따를 때
비로소 참된 삶을 산다고 주장했다.

헤라클리투스는 변화와 대립의 철학을 통해 세상의
역동성을 설명하며, 후대의 철학자들에게 깊은 영향을
미친 사상가로 평가된다.

5

"흙, 물, 불, 공기, 이 네 가지는 모든 것의 뿌리다."

❧ ✳ ❧

엠페도클레스

#기원전_5세기경 #고대_그리스 #4원소설

엠페도클레스(Empedocles)는 고대 그리스의 철학자이자 시인으로, 자연철학과 종교적 사상을 결합한 인물이다. 그는 만물의 근원에 대한 새로운 이론을 제시했으며 특히 4원소설(네 가지 기본 요소에 대한 이론)을 주장한 것으로 유명하다.

4원소설은 엠페도클레스가 만물의 근원이 물, 불, 공기, 흙이라는 네 가지 기본 원소로 이루어졌다고 주장

한 것이다. 그는 이 네 가지 원소는 결합과 분리를 통해
모든 만물을 형성한다고 보았습니다. 이 원소들은 영원
하며, 그 자체로 변하지 않지만, 그들이 결합하거나 분
리되는 방식에 따라 다양한 물질이 생겨난다는 게 그의
생각이었다.

그는 영혼의 윤회도 믿었으며, 영혼이 정화되기 위해
여러 생을 거치며 다시 태어난다고 생각했다. 또한 자
신을 신적인 존재로 여기며 인간이 도덕적이고 정화된
삶을 통해 영혼의 구원을 얻을 수 있다고 주장했다.

"사랑은 결합시키고, 다툼은 분리한다."

이 말은 우주를 지배하는 두 가지 힘인 사랑과 다툼
이 어떻게 작용하는지 설명한다. 사랑은 조화와 결합
을, 다툼은 분열과 갈등을 상징하며, 이 두 힘이 우주의
변화를 이끈다.

"같은 것은 같은 것에 이끌린다."

이 말은 유사한 것끼리 서로 결합하는 성질을 설명한 구절이다. 엠페도클레스는 원소들이 서로 유사한 특성에 의해 결합한다고 봤다.

엠페도클레스는 4원소설과 사랑, 다툼의 힘을 통해 우주의 형성과 변화를 설명하려 했다. 이후 그가 제시한 이론은 서양 철학과 과학에 큰 영향을 미쳤다.

6

"만물은 원자와 허공으로 이뤄져 있다."

❧✷❧

탈레스

#기원전_6세기경 #고대_그리스 #탈레스의_제자

데모크리토스(Democritus)는 철학자이자 과학자로 물질 세계의 본질을 설명하기 위해 원자(原子)라는 개념을 체계적으로 발전시킨 인물이다. 그는 자연 세계가 아주 작은 입자인 원자와 그들 사이의 빈 공간으로 구성돼 있으며, 모든 것은 이러한 원자들이 결합하고 분리되는 과정에서 형성된다는 '원자론'(原子論)을 주장했다.

원자론은 빈 공간(허공) 개념으로 이어졌다. 그는 원자들이 움직일 수 있는 공간이 필요하다고 생각했으며, 이를 '빈 공간'(케논, *κενόν*)이라고 불렀다. 물질이 존재하지 않는 허공이 있어야 원자들이 이동하고 결합할 수 있다는 게 그의 주장이다. 그는 이같은 주장의 논리를 펴기 위해 '칼로 사과를 자를 수 있는 이유는 원자들 사이에 공간이 있기 때문'이라고 말했다.

이같은 주장은 당시 철학자들이 물질이 존재하는 공간만 실제라고 믿었던 것과는 매우 다른 개념이었다.

"행복은 영혼의 상태에 있다."

데모크리토스의 공간 개념은 행복론과 윤리학으로도 이어졌다. 그는 인간의 행복이 물질적 풍요나 외적 조건이 아닌 내적 평온과 정신적 균형에서 온다고 주장했다. 그는 욕망을 절제하고 합리적인 사고를 통해 삶의 균형을 유지하는 것이 진정한 행복을 가져온다고 믿었다. 이같은 믿음의 그의 윤리적 사상에 중요한 개념이었다.

"어리석은 자는 욕망에 의해 지배되고, 지혜로운 자는 이성에 의해 지배된다."

그는 인간이 이성적으로 사고하고 행동할 때 참된 지혜에 이르며, 이성에 의해 욕망을 절제하는 것이 행복한 삶을 이끈다고 주장했다.

"작은 일에 소홀히 하지 마라. 작은 일에서 큰 일이 생긴다."

그는 또 작은 것이 모여 큰 결과를 만든다고 강조했다. 사소해 보이는 일도 중요한 의미를 가질 수 있다는 점을 지적한 말로 그의 원자론과 관련된 생각으로 볼 수 있다.

데모크리토스는 물질 세계를 이해하는 데 새로운 패러다임을 제시한 것으로 평가 받는다. 그의 원자론은 후대의 과학적 발견에 큰 영향을 미쳤다.

❼

"인간은 만물의
척도이다."

∽✦∾

프로타고라스

기원전_5세기 #고대_그리스 #상대주의

프로타고라스(Protagoras)는 고대 그리스의 대표적 소피
스트('지혜로운 사람'을 의미하지만, 직업적 철학자, 교육자, 논쟁가, 궤변
가 등 다양한 의미를 내포함.)로 상대주의적 철학과 교육적 수사
법으로 유명하다.

"인간은 만물의 척도이다"는 그의 가장 유명한 주장
으로 모든 지식과 진리가 개인의 관점에 따라 다를 수
있다는 상대주의적인 의미를 담고 있다.

그는 진리란 사람마다 다르며, 어떤 것이 참과 거짓

은 개인의 경험과 인식에 따라 달라질 수 있다고 주장
했다. 예를 들어 어떤 사람에게 추운 날씨는 다른 사람
에게는 따뜻하게 느껴질 수 있다는 것이다. 이는 각자
의 상황과 기준에 따라 상대적으로 다르게 생각될 수
있다는 것을 뜻한다.

특히 그는 절대적 진리나 도덕은 존재하지 않는다고
믿었다. 법과 규범도 시대와 장소에 따라 변할 수 있는
사회적 산물로 본 그는 어떤 사회에서 옳은 일이 다른
사회에서도 똑같이 받아들여질 수 없다고 생각했다. 이
같은 생각이 그가 도덕적 회의주의자로 불리는 이유다.

신의 존재에 대해서도 그는 '인간은 알 수 없다'는 주
장을 폈다. "신들에 관해서는, 그들이 존재하는지 존재
하지 않는지, 어떤 형상을 하고 있는지 우리는 알 수 없
다."
이 말이 그의 신에 대한 생각을 나타낸 대표적 말이
다. 그는 인간의 지식이 한계가 있으며, 신에 대한 문제
는 인간의 이해를 벗어난다고 생각했다.

"논쟁에서 이기는 법을 배우는 것은, 가르치는 일 중

가장 중요한 것이다."

수사학의 대가였던 프로타고라스는 '설득의 기술'을 교육의 중요 목표로 삼았다. 그는 논리와 말로 상대방을 설득하는 능력이 실생활에서 성공의 필수 요소라 여겼다.

8

"반성하지 않는 삶은
살 가치가 없다."

소크라테스

#기원전 470~399 #고대_그리스_아테네 #변증법적_대화법

소크라테스(Socrates)는 서양 철학의 토대를 마련한 인물로 고대 그리스의 가장 중요한 철학자 중 한 명이다. 그는 생전에 자신의 철학적 저술을 남기지 않았다. 때문에 그의 사상은 후대에 제자들을 통해 전해졌는데, 특히 플라톤의 저작을 통해 많이 알려졌다.

그는 제자들과 철학적 대화를 통해 진리를 탐구하고, 도덕적 삶을 강조했다. 특히 '무지(無知)'에 대한 자각을 통해 참된 지혜를 얻을 수 있다고 주장했다. 특히 '변증법적 대화법'(소크라테스식 문답법)으로도 잘 알려져 있으며, 사람들과의 대화를 통해 그들의 생각을 이끌어 내고, 그 생각의 모순을 드러내는 방식으로 철학적 탐구를 진행했습니다.

맨발에 허름한 차림으로 시장터에서 논쟁을 벌이길 좋아한 그는 아테네 시민들에게 불편한 질문을 던져 그들의 확고한 신념을 재검토하게 했다. 이로 인해 반감을 사서 결국 아테네 법정에서 신성 모독과 청년들을 타락시킨 죄로 사형 선고를 받고 독배를 마시고 죽었다.

알려진 바에 의하면, 소크라테스는 벌금을 내면 사면을 받을 수 있었다고 한다. 하지만 그는 단호하게 사형을 받아들이면서 고결한 절제 정신이 추앙 받은 것으로 전해진다. 그는 사형되기 바로 전까지도 토론과 명상을 하며 남은 시간을 보냈다. 그가 독배를 마시는 사형이 집행되기 전 마지막으로 남긴 말은 친구에게 '밀린 빚을 갚지 못한다'고 전한 것이라 한다.

도덕적 삶도 매우 중요하게 여겼다. 그는 인간의 행동이 선을 추구해야 하며, 지혜롭고 도덕적인 삶을 사는 것이야말로 진정한 행복을 가져온다고 믿었다. 도덕적 덕은 교육과 자기 성찰을 통해 얻을 수 있다고 봤다.

"검토되지 않은 삶은 살 가치가 없다"도 자기 성찰과 삶의 의미 탐구를 중요하게 생각해야 한다는 의미가 담긴 말이라 할 수 있다.

"너 자신을 알라."

소크라테스의 가장 유명한 격언 중 하나로, 인간이 자신이 모르는 것을 인식하고, 자신의 한계를 이해하며, 이를 통해 더 깊은 지혜를 추구하라는 의미다.

"악행을 저지르는 것은 그 어떤 벌을 받는 것보다 더 큰 해악이다."

소크라테스는 도덕적 악행이 영혼에 해를 끼치기 때문에, 그 어떤 외부의 처벌보다 더 큰 손실이라고 보았다. 그는 도덕적 삶을 추구하는 것이 최우선이라고 주장했다.

"정의는 무지로부터 비롯된다."

그는 많은 사람들이 도덕적 진리를 알지 못해 부정의한 행동을 하게 된다고 보았습니다. 따라서 무지를 극복하고 참된 지식을 추구함으로써 정의로운 삶을 살 수 있다고 믿었습니다.

소크라테스의 도덕 철학과 변증법적 탐구는 서양 철학에 지대한 영향을 미쳤으며, 그의 사상은 플라톤과 아리스토텔레스를 비롯한 후대의 철학자들에게 큰 영감이 됐다.

9

"아는 것이
힘이다."

⌒✳⌒

플라톤

기원전 428~347년경 #그리스_아테네 #이데아_이론

플라톤(Plato)은 소크라테스의 제자이자 아리스토텔레스의 스승으로 형이상학, 윤리학, 정치 철학, 인식론 등 다양한 분야에서 업적을 남겨 서양 철학의 기초를 마련한 인물로 평가된다.

귀족이던 그는 존경하는 소크라테스가 죽자 그리스 아테네를 떠났다. 그리고 여러 지역 등을 돌면서 깨달은 것을 실행하기 위해 아테네에 돌아와 아카데미를 세웠다. 그가 세운 아카데미는 후대에 대학의 원형이 됐다.

플라톤은 지식과 진리를 통해 인간은 더 나은 삶을 살 수 있다고 믿었으며, 철학적 탐구가 삶에서 필수적이라고 봤다. "아는 것이 힘이다"도 이같은 그의 믿음을 반영한 말이라 할 수 있다.

이데아론(Idea Theory, 이상적인 세계에 대한 이론)은 가장 잘 알려져 있는 플라톤의 사상이다. 그는 이 이론을 설명하기 위해 유명한 '동굴의 비유'를 펼쳤다.

'동굴의 비유'는 인간이 감각 세계에 갇혀 마치 동굴 안에 있는 것처럼 실재(實在)를 제대로 알지 못하고, 오직 그림자만을 보고 있다는 주장이다. 동굴을 나와 이데아의 빛을 보게 되는 것은 철학적 탐구를 통해 진리를 깨닫는 과정을 상징한다.

'국가론'과 '에로스'도 그의 저서에서 설명된 사상적 키워드다. 플라톤은 이상적인 국가에 대해 논한 책 '국가'(The Republic)에서 철인왕(Philosopher-King)이 통치하는 지혜로운 사회를 구상했다. 저서 '향연'에서는 에로스를 육체적인 사랑을 넘어, 진리와 이데아에 대한 사랑으로 발전해야 한다고 주장했다.

"철학자가 왕이 되어야 하며, 왕이 철학자가 되어야 한다."

플라톤의 '국가'에서 나오는 이 구절은 철학적 지혜를 가진 자가 국가를 다스려야 한다는 그의 이상적인 정치 체세를 묘현한다. 그는 정의로운 사회는 지혜로운 통치자가 만들 수 있다고 봤다.

"악행은 무지에서 비롯된다."

그는 도덕적인 악행이 사람들의 무지와 잘못된 지식에서 발생한다고 봤다. 올바른 지식을 통해 사람들은 선한 행동을 할 수 있다고 주장했다.

"탐구되지 않은 삶은 살 가치가 없다."

소크라테스의 이 말은 플라톤이 강조한 철학적 탐구의 중요성을 상징한다. 그는 인간이 자신의 삶을 성찰하고 진리를 탐구하는 것이 필수적이라고 봤다.

❿

"인간은 본성적으로
정치적 동물이다."

❦

아리스토텔레스

#기원전 384~322년경 #고대_그리스 #논리학_삼단논법

아리스토텔레스(Aristotle)는 플라톤의 이데아론을 비판하면서 경험과 관찰을 통한 실질적인 탐구를 강조했다. 그는 플라톤을 소중한 스승으로 여겼지만, 진리는 더욱 소중하다며 플라톤을 비판했다.

그는 인간이 본질적으로 정치적 동물($ζ\tilde{ω}ον\ πολιτικόν$)이라고 봤다. 개인은 공동체 내에서만 완전한 삶을 살 수 있다고 주장하며 공화정(혼합된 정부 형태)을 이상적인 정치체제로 제안했다.

"인간은 본성적으로 정치적 동물이다"는 인간은 공동체에서만 자신의 본성을 온전히 실현할 수 있으며, 사회적 관계 속에서 존재해야 한다는 그의 정치철학을 표현한 말이다.

'논리학'은 그의 대표 사상이다. 그는 삼단 논법을 포함한 형식 논리를 체계화한 최초의 철학자로, 그의 논리학은 서양 철학의 오랜 기간 동안 논증의 기본 구조로 받아들여졌다. 또한 논리적 추론을 통해 진리를 밝히는 방법론을 제시했으며, 이는 이후의 철학과 과학 연구에 큰 영향을 미쳤다.

"모든 인간은 본래 알기를 원한다."

아리스토텔레스는 인간이 지식을 추구하는 존재라는 점을 강조하며, 그의 철학적 탐구의 출발점을 나타내는 말이다.

"행복이란 활동적인 삶 속에서 덕을 완전히 발휘하는 것이다."

아리스토텔레스는 행복을 단순히 감정적 상태가 아니라, 도덕적 덕을 실현하는 활동적인 삶의 결과라고 봤다.

"교육은 불가능한 것들을 요구하지 않는다."

아리스토텔레스는 교육의 목적은 현실적이고 가능성 있는 목표를 향해 개인을 성장시키는 것이라고 봤다.

아리스토텔레스는 철학, 과학, 윤리, 정치 등 다방면에서 큰 기여를 했다. 그의 사상은 중세와 근대 서양 철학에까지 깊은 영향을 미쳤다. 그의 저작들도 수세기 동안 유럽 학문의 기초가 됐으며 지금도 철학과 과학 연구의 중요한 참고가 되고 있다.

11

"수학에는
왕도가 없다."

୧୧୧

유클리드

#기원전 300년경 #알렉산드리아 #기하학의_아버지

유클리드(Euclid)는 '기하학의 아버지'로 불리는 고대 그리스 수학자다. 그는 수학의 여러 분야를 연구하고 정리했으며, 특히 기하학에 관한 업적이 큰 것으로 알려져 있다.

그의 중요한 업적은 저서 '원론'(Elements)이다. '원론'은 13권으로 구성된 기하학 및 수학 이론의 체계적인 정리로, 수천 년 동안 수학 교육의 기본 교과서로 사용됐다.

이 책은 점, 선, 각도, 도형 등에 대한 정의와 이론을 제시하고, 수학적 증명에 대한 체계를 확립했다. 또한 공리(증명 없이 참으로 받아들이는 기본 명제)와 공준(기본적인 가정)을 바탕으로 논리를 전개하는 방법을 도입함으로써 연역적 추론의 기초를 확립했다.

유클리드는 비율과 관련된 이론도 정립했다. 그는 수와 도형의 비율에 대한 개념을 정의하고, 이를 활용해 기하학적 관계를 설명했다. 이러한 개념은 수학적 비례의 기초를 이루고 있으며, 황금비와 같은 개념들도 그의 연구와 연결된다.

"왕도로는 기하학으로 가는 길이 없다."

이 말은 '수학에는 왕도가 없다'는 말로도 전해지며 프톨레마이오스 왕에게 유클리드가 한 말이다. 기하학을 배우기 위해서는 (왕을 포함해) 누구나 마찬가지로 노력하고 연구해야 하며, 이를 쉽게 얻을 수 있는 방법은 없다고 강조한 것이다.

이 말은 어떠한 학문이나 지식을 성취하려면 꾸준한 노력이 필요하다는 의미로 해석된다.

"모든 문제는 공리에서 시작한다."

유클리드는 그의 기하학적 접근 방식에서 공리와 공준을 매우 중시했습니다. 모든 수학적 논리와 증명은 기본적인 가정, 즉 공리에서 출발해야 한다는 그의 철학을 나타내는 말이다.

12

"유레카"

***

아르키메데스

#기원전 287~212년 #알렉산드리아 #부력의_원리

아르키메데스(Archimedes)는 과학과 수학 분야에서 중요한 발견과 발명을 한 인물이다. 그는 기하학, 유체역학, 정역학, 미적분학의 초기 형태 등 다양한 분야에서 탁월한 업적을 남겼으며, 오늘날에도 많은 과학적 원칙과 법칙의 기반이 되고 있습니다.

특히 그의 업적 중 가장 뛰어난 것으로 꼽히는 것이 물체가 물에 떠오르거나 가라앉는 '부력의 원리'를 발견한 것이다. '유체역학의 기본 원리'이자 '아르키메데스의 원리'로 불리는 이 원리는 부력의 크기가 물체가 배제한 유체의 무게와 같다는 것을 설명한다.

그는 목욕탕에서 이 원리를 발견하고 기뻐하며 "유레카!"(Eureka!, 찾았다!)를 외친 것이 유명하다. '유레카'는 무엇인가 중요한 발견을 했을 때 사용하는 표현으로 오늘날도 널리 사용된다.

아르키메데스는 기하학에서 탁월한 업적을 남겼다. 구와 원기둥의 부피와 표면적을 계산하고, 포물선의 넓이를 구하는 방법은 그가 개발한 것이다. 그는 이러한 연구를 통해 미적분학의 기초를 마련했다고 평가된다.

그는 물을 높은 곳으로 퍼 올리는 장치인 '아르키메데스 나사'도 발명한 것으로 유명하다. 이 장치는 오늘날에도 농업과 수로로 물을 이동 시키는데 널리 사용되고 있다. 나선형 구조로 된 튜브를 돌리면 물이 위로 이동하는 원리로, 간단하지만 효율적인 설계다.

"내게 서 있을 곳을 달라, 그러면 나는 지구를 움직이겠다."

아르키메데스가 지렛대의 원리를 설명한 말이다. 작은 힘으로 큰 무게를 들 수 있는 '지렛대'의 원리도 그의 발명 성과다. 그는 충분히 긴 지렛대와 이를 고정할 지점이 있다면, 적은 힘으로도 매우 무거운 물체를 움직일 수 있음을 강조했습니다. 이는 작은 힘으로도 큰 일을 이룰 수 있다는 과학적 진리를 나타내며, 동시에 그의 자신감과 발명에 대한 확신을 보여줍니다.

"수학이 없다면, 과학이 없다."

아르키메데스는 수학의 중요성을 매우 강조했다. 그는 수학이야말로 모든 과학적 원리와 발명의 기초라고 보았으며, 과학적 사고의 필수 도구로 여겼다.

13

"우주는 하나의
완벽한 조화이다."

∽✕∾

크리시푸스

#기원전 279~206년 #알렉산드리아 #스토아학파

크리시푸스(Chrysippus)는 스토아철학을 체계화했으며 논리학과 윤리학, 자연 철학 등에 기여를 했다. 그는 약 700편의 글을 썼다고 알려져 있지만 그의 저작 대부분은 전해지지 않고 있다. 기원전 47년 줄리어스 시저 군대가 알렉산드리아의 도서관을 불태웠는데, 이 때 그의 저작도 대부분 소실된 것으로 추정된다. 따라서 그의 사상은 후대 철학자들의 기록을 통해 알 수 있다.

크리시푸스는 우주를 하나의 유기적인 전체로 보았으며, 모든 사건과 사물은 이성적인 법칙(로고스)에 의해 서로 연결되어 있다고 믿었다. 그는 우주를 완벽한 조화 속에서 움직이는 체계로 보았습니다.

그의 사상은 스토아철학이 후대에까지 큰 영향을 미치도록 만든 기반이 되었습니다. 그의 논리학과 운명론, 덕에 대한 강조는 스토아 철학의 핵심을 이루며, 현대 철학과 심리학에도 영향을 미치고 있다.

"덕은 유일한 선이다."

크리시푸스는 스토아철학의 기본 원칙 중 하나인 '덕'(아레테)을 강조했습니다. 그는 덕이야말로 인간이 추구해야 할 유일한 선이며, 이를 통해 참된 행복을 얻을 수 있다고 주장했다.

"인간은 자연의 일부로서, 자연의 법칙에 따라 살아야 한다."

그는 인간이 자연과 조화를 이루며 살아야 한다고 주장했다. 자연에 따르는 삶을 살 때, 인간은 진정한 행복과 평온을 얻을 수 있다고 강조했다.

"감정은 이성의 질서와 조화를 방해하는 요소이다."

그는 또 감정이 비이성적이며, 이성이 우주의 질서를 이해하고 따르는 것을 방해한다고 봤다.

14

"쾌락은 삶의 시작이자 목표이다."

∽⪽

에피쿠로스

#기원전 341~270년 #고대_그리스 #쾌락주의

에피쿠로스(Epicurus)는 행복과 쾌락을 삶의 궁극적인 목표로 삼고, 이를 실현하기 위해 두려움과 고통에서 해방된 '아타락시아'(Ataraxia, 평정심)를 강조했다. 에피쿠로스의 철학은 윤리학, 쾌락주의, 자연철학에 중점을 두었으며, 육체적 쾌락보다는 정신적 평화와 고통의 부재를 통해 진정한 행복에 도달할 수 있다고 주장했다.

"쾌락은 삶의 시작이자 목표이다." 이 말은 에피쿠로

스 철학의 핵심을 잘 보여준다. 그는 쾌락을 인간 존재의 목표로 삼았지만, 이때의 쾌락은 지혜롭고 절제된 삶을 통해 얻을 수 있는 내적 평온과 고통의 부재를 의미한다. 단순한 육체적 쾌락이 아니라 지속 가능한 정신적 만족을 강조한 것이다.

"죽음이란 우리에게 아무것도 아니다. 우리가 존재할 때 죽음은 존재하지 않으며, 죽음이 존재할 때 우리는 존재하지 않는다."

이 말은 죽음에 대한 두려움을 극복하도록 돕기 위한 말로, 죽음을 경험할 수 없기 때문에 두려워할 필요가 없다는 것을 의미한다. 이를 통해 에피쿠로스는 현재의 삶에 집중하고 정신적 평온을 유지할 것을 강조했다.

"지혜로운 사람은 쾌락을 얻기 위해 많은 것을 필요로 하지 않으며, 자연의 필요만을 충족하려 한다."

이 말은 자연스럽고 필수적인 욕망을 충족시키는 것으로 만족할 수 있다는 에피쿠로스의 철학적 입장을 잘 보여준다. 과도한 욕망과 불필요한 물질적 소유는 오히려 불행을 초래한다고 경고한다.

15

"죽음은 우리에게
아무것도 아니다."

⌘✖✐

루크레티우스

#기원전 99~55년 #고대_로마 #에피쿠로스주의

　루크레티우스(Lucretius)는 고대 로마의 시인이자 철학자다. 에피쿠로스주의를 시적 형식으로 풀어낸 '사물의 본성에 관하여'(De Rerum Natura)라는 작품으로 유명하다.

　그는 에피쿠로스의 철학을 바탕으로 자연철학, 윤리학, 그리고 인류의 두려움을 해결하기 위한 내용을 시에 담았다. 또한 자연의 원리를 설명하고, 인간의 고통과 두려움을 줄이기 위한 이성적 사고의 중요성을 강조했다.

루크레티우스는 죽음에 대한 두려움을 극복해야 한다고 주장하며, 죽음은 단지 감각의 부재일 뿐이라는 점을 강조했다. 이는 에피쿠로스의 철학을 따르는 것으로, 죽음을 두려워하는 것은 불필요하며, 우리가 존재하지 않을 때 고통도 존재하지 않기 때문에 죽음은 두려울 것이 없다는 것이다.

"자연을 이해하면 두려움에서 벗어날 수 있다."

이 말은 루크레티우스가 자연의 원리를 이해함으로써 사람들이 종교적 미신과 죽음에 대한 두려움에서 벗어날 수 있다는 믿음을 담고 있다. 그는 이성적 사고와 자연의 원리를 이해하는 것이 인간의 고통을 줄이고 더 평화로운 삶을 살게 하는 열쇠라고 여겼다.

"삶에서 두려움을 없애는 것은 이성의 빛이다."

루크레티우스는 이성이 인간의 고통을 줄이는 가장 중요한 도구라고 생각했다. 따라서 그는 감정과 미신이 우리의 삶을 지배하지 않도록 하고, 이성을 통해 진정한 평온을 찾을 것을 권장했다.

16

"시간이 부족한 건 아니다. 시간을 낭비하고 있을 뿐"

세네카

#기원전 4년~서기 65년 #고대_로마 #네로_황제의_스승

세네카(Seneca)는 고대 로마의 법률가이자 정치가이며 스토아학파를 대표하는 철학자다. 특히 그는 네로 황제의 스승으로 명성을 얻었다. 그가 10여년간 네로 황제의 가정교사로 지내면서 당시 '세계의 실질적인 스승'으로 불리기도 했다. 하지만 죽음도 네로의 정치적 요구와 여러 변덕스러운 요구로 인해 결국 자결하는 비극적 삶을 살았다.

그는 편지와 수필을 통해 자신의 철학적 사상을 전달

했으며, 특히 인생의 덧없음, 죽음에 대한 준비 그리고 의미 있는 삶에 대한 가르침을 담았습니다. 그의 사상은 스토아 철학을 바탕으로 하면서도 실용적이고 일상적인 지혜를 강조하여 많은 사람들에게 영향을 끼쳤다.

세네카는 특히 많은 사람들이 시간을 잘못 사용하고 있다고 지적했다. 그는 시간을 최대한 효율적이고 의미 있게 사용하는 것이 중요하다고 강조했으며, 현재의 시간을 낭비하지 말고 소중히 여기라고 말했다.

"행복은 외부적인 것이 아니라 내면에서 온다."

세네카는 진정한 행복이 외부의 재물이나 명예가 아니라 내적인 덕에서 비롯된다고 봤다. 외부 조건은 언제든 변할 수 있지만, 자신의 가치관을 지키는 사람은 어떤 상황에서도 평온함을 유지할 수 있다는 게 그의 주장이었다.

"고난은 우리를 단련시키기 위해 존재한다."

그는 고난과 역경이 인간의 성장을 위한 중요한 기회라고 주장했다. 고난을 피하려 하지 말고, 이를 받아들이며 자신을 단련하는 기회로 삼으라고 조언했다.

"죽음은 우리 존재의 끝이 아니라, 자연의 한 부분이다."

세네카는 죽음을 두려워하지 말고, 삶의 자연스러운 일부로 받아들이라고 가르쳤다. 그는 죽음에 대한 공포에서 벗어나야 현재의 삶을 제대로 살 수 있다고 생각했다.

17

"자유는 모든 것을 통제하려 하지 않을 때 시작된다."

＊

에픽테토스

#서기 50~135년 #로마 #노예_출신_철학_교사

에픽테토스(Epictetus)는 그리스에서 노예로 태어났지만 훗날 자유를 얻어 로마에서 활동한 철학자로 자기 통제, 내적 자유의 중요성을 강조한 인물이다.

그는 자유인이 된 후 철학 교사로 활동하며 많은 사람들에게 스토아 철학을 가르쳤습니다. 특히 자신의 사상을 통해 우리의 통제 밖에 있는 것과 통제 안에 있는 것을 구별하는 것이 행복의 열쇠라고 강조했다.

그는 자유가 통제할 수 없는 것에 대한 집착을 버릴 때 시작된다고 생각했다. 따라서 우리가 자기 통제에 집중하고 외부의 일에 대해 동요하지 않을 때, 우리는 진정으로 자유로워질 수 있다는 게 그의 주장이다. 그의 가르침은 제자인 아리아노스가 기록해 후대에 전해졌다.

"행복은 외부가 아니라, 우리 자신의 마음에 달려 있다."

에픽테토스는 외부의 조건이 아니라, 내면의 상태와 우리의 이성적인 판단이 행복을 결정한다고 강조했다. 외부 환경은 언제나 변할 수 있지만, 우리 마음을 통제하는 것은, 우리의 선택에 달려 있다는 것이다.

"두려움은 미래의 일에 대한 불확실성에서 온다. 하지만 미래는 우리 통제 밖에 있다."

에픽테토스는 두려움이 우리가 통제할 수 없는 미래

에 대한 불확실성에서 비롯된다고 주장했다. 우리는 현재의 선택과 행동에 집중함으로써 두려움을 줄이고, 내적 평온을 찾을 수 있다는 것이다.

18

"죽음을 두려워하지 말고
자연의 일부로 받아들이라."

～✵～

마르쿠스 아우렐리우스

#120~180년 #로마 황제 #명상록

마르쿠스 아우렐리우스(Marcus Aurelius)는 로마 제국의 황제이자 철학자로 '현자 황제'라고 불릴 만큼 철학적 통찰과 통치 능력으로 유명하다. 그는 자신의 철학적 사상을 개인적인 일기 형식으로 기록된 저서 '명상록' (Meditations)에 남겼다.

그는 내적 평온, 현재에 대한 집중, 자연의 질서에 대한 순응하는 태도 등을 통해 고난과 어려움에 대처하는 방법을 제시했다. 특히 내적 평온과 관련 죽음은 피할 수 없는 것이며, 그저 삶의 한 부분일 뿐이라고 강조했다. 그는 이를 받아들이는 것이 진정한 내적 평화를 얻는 길이라고 봤다.

그의 이같은 사상이 담긴 '명상록'은 지금도 삶의 의미와 내적 성장을 추구하는 많은 사람들에게 귀감이 되고 있다.

"우리 인생은 우리 생각이 만들어낸 것이다."

마르쿠스 아우렐리우스는 생각이 삶의 질을 결정한다고 봤다. 우리가 긍정적이고 이성적인 사고를 유지하면, 외부의 어려움에도 불구하고 평온한 삶을 살아갈 수 있다고 믿었다.

"미래를 걱정하지 말고, 현재에 충실하라."

그는 현재에 집중하는 것이 중요하다고 강조했다. 미

래는 불확실하고 우리의 통제를 벗어나지만, 현재의 행
동은 우리가 선택할 수 있는 것이므로 지금 이 순간 최
선을 다해야 한다고 말했다.

"타인에게 친절하라. 우리는 서로를 위해 태어났
다."

그는 인간이 사회적 존재이며, 다른 사람들과의 관계
속에서 의미 있는 삶을 살아야 한다고 봤다. 이타심과
친절은 인간으로서의 의무이자 선한 삶의 필수 요소라
고 강조했다.

19

"지혜는
신의 선물이다."

❧

필론

#기원전 25~서기 50년 #이집트_알렉산드리아 #유대교

필론(Philo)은 유대-헬레니즘 철학자로 이집트의 알렉산드리아 출신이다. 그는 유대교와 그리스 철학, 특히 플라톤주의를 융합한 독창적인 철학 체계를 세운 인물로, 그의 사상은 이후 기독교 신학과 신플라톤주의에 큰 영향을 미쳤다.

그는 유대교의 전통적인 신앙을 그리스 철학의 개념으로 설명하려 했으며, 성경의 상징적 해석을 통해 철학적 의미를 찾으려 했다.

특히 그의 로고스(Logos) 개념은 신학적 발전에 중요한 역할을 했다. 로고스는 하나님과 세상 사이의 중개자를 말하는 것으로 우주의 질서와 이성을 나타내는 개념이다.

필론은 지혜를 신의 선물로 봤으며, 인간이 가장 높은 목표로 삼아야 한다고 강조했다. 그는 지혜를 통해 인간이 신성에 도달할 수 있다고 믿었다.

"우주의 질서는 로고스를 통해 유지된다. 로고스는 신의 말씀이며, 세상을 이해하는 열쇠다."

필론은 로고스를 우주의 이성적 질서와 관련지어 설명하며, 이를 통해 인간이 세상의 이치를 이해할 수 있다고 말했다.

"신을 이해하려는 노력은 인간의 이성을 초월하지만, 우리는 그분의 영광을 인식하는 데 최선을 다해야 한다."

필론은 신의 본질이 인간의 이성으로는 완전히 이해될 수 없다고 보았지만, 그렇다고 해서 신을 알기 위한 노력을 포기해서는 안 된다고 말했다. 인간은 이성을 사용하여 가능한 신의 영광을 이해하려고 노력해야 한다는 것이다.

20

"자유의지는 신이 인간에 준 가장 큰 선물이다."

❦

오리게네스

#185년~ 253년경 #알렉산드리아 #성경의 해석

오리게네스(Origen)는 초기 기독교 신학자이자 철학자다. 그는 기독교 교리를 체계적으로 정립하고, 당시 플라톤주의 철학과 기독교 신학을 융합하려는 노력을 기울였다.

그가 남긴 많은 저술은 성경의 해석과 신학적 주제에 대한 깊이 있는 연구로 잘 알려져 있다. 그는 성경을 문자 그대로가 아닌 상징적으로 해석하고 영적 의미를 찾으려 했다.

오리게네스는 자유의지를 인간의 가장 중요한 특징으로 봤으며 신과의 관계에서 자발적으로 신을 사랑하고 덕을 실천하는 것이 중요하다고 말했다.

그의 성경 해석과 보편적 구원이라는 개념은 기독교 신학에서 중요한 논의의 대상이 됐다. 비록 일부 사상은 논란이 되어 나중에 이단으로 간주됐지만, 오리게네스의 철학적 접근은 신학적 깊이를 더하는 데 크게 기여했다.

"성경은 우리에게 문자 그대로의 의미보다 더 깊은 진리를 전달하고 있다. 우리는 그 영적 의미를 찾아야 한다."

오리게네스는 성경을 알레고리적으로 해석해 그 속에 담긴 영적 가르침을 찾는 것이 중요하다고 봤다. 성경은 단순한 역사적 사실의 나열이 아니라, 신의 뜻과 영적 교훈을 담고 있는 책이라는 점을 강조했다.

"신은 모든 것을 사랑하시며, 결국에는 모든 영혼을 자신에게로 인도하신다."

그는 보편적 구원에 대한 믿음을 갖고 있었으며, 신의 사랑이 모든 것을 아우른다고 강조했다. 그의 이러한 관점은 모든 피조물이 궁극적으로 신과 화해하고 구원을 받을 것이라는 희망을 나타낸다.

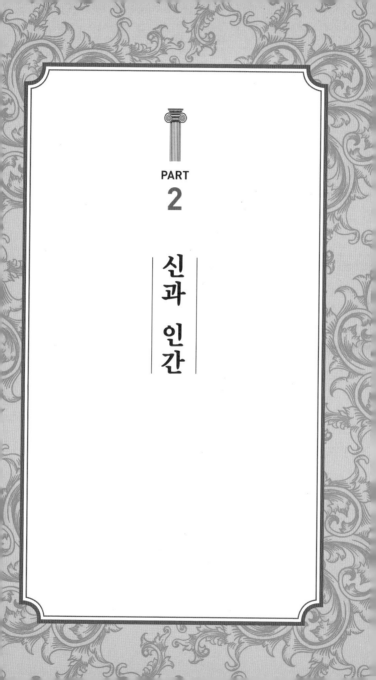

PART
2

신과 인간

"모든 것은 일자에서 비롯된다.
다시 일자로 돌아가야 한다."

~✣~

플로티노스

204년~270년 #신플라톤주의 #일자

플로티노스(Plotinus)는 진기한 후기 플라톤주의자였다. 신플라톤주의(Neoplatonism)의 창시자였던 그는 플라톤의 사상을 발전시켜 영적 세계와 인간의 내적 성장을 강조했다. 그의 철학은 플라톤주의와 신비주의를 결합하여, 세계의 본질과 인간의 영혼에 대해 깊이 있는 통찰을 제시한다.

특히 플로티노스 철학의 핵심은 '일자'(一者, The One)라는 개념이다. 일자는 모든 존재의 근원으로, 절대적이고 초월적인 존재다. 일자는 모든 것의 원천이며 형태와 속성을 초월한 순수한 존재로서 인간의 이성으로는 완전히 이해할 수 없다.

그는 일자로부터의 발산을 통해 우주가 창조됐으며 모든 존재는 일자와 연결되어 있다고 설명했다.

"진정한 지혜는 외부 세계에 있는 것이 아니라, 내면의 깊은 곳에서 발견된다."

그는 자기인식과 내적 성찰을 통해 진정한 지혜를 얻을 수 있다고 봤다. 외부 세계에 대한 탐구보다는 자기 자신을 이해하고 영적 본질을 깨닫는 것이 중요하다는 것이다.

"아름다움은 우리의 영혼을 일자와 연결시켜 주는 다리이다."

플로티노스는 아름다움을 일자의 반영으로 봤다. 미

적 경험을 통해 인간이 초월적인 것에 접근할 수 있다고 설명했다.

22

"교회는 황제의 것이 아니라, 황제도 교회의 일원이다."

∽✖∾

암브로시우스

#339~397년 #밀라노_주교 #초기_기독교

암브로시우스(Ambrose)는 초기 기독교의 중요한 교부이자 밀라노의 주교로서, 기독교 교회의 형성과 발전에 큰 영향을 미친 인물이다. 그는 서방 교회의 4대 교부 중 한 명으로, 기독교 교리를 체계화하고 교회의 권위를 세우는 데 중요한 역할을 했다.

암브로시우스는 교회의 권위를 매우 강조했다. 그는 교회가 국가의 세속적 권위보다 더 높은 도덕적 권위를 지닌다고 주장했으며, 이를 바탕으로 황제와의 대립에서도 교회의 독립성을 지키려 했다. 특히 테오도시우스 황제가 테살로니카에서 대량 학살을 저지른 후, 암브로시우스는 황제에게 참회를 요구하며 교회의 도덕적 권위를 세웠다. 그의 영향력은 아우구스티누스와 같은 후대 기독교 사상가에게도 깊이 미쳤다.

"가난한 이들은 우리의 형제이며, 그들에게 베푸는 것은 그리스도에게 하는 것이다."

암브로시우스는 자비와 사회적 책임을 강조하며, 가난한 이들을 돕는 것이 기독교인의 중요한 의무임을 설파했다. 이는 그의 사회적 정의에 대한 신념을 잘 나타낸다.

"기도는 우리가 신과 교제하는 방법이며, 신의 뜻을 받아들이는 마음을 키우는 시간이다."

그는 기도의 중요성을 강조하며, 기도가 단순한 요청

이 아닌 신과의 깊은 관계를 맺는 행위라고 설명했다. 이를 통해 기독교인들이 신의 뜻에 따르고 영적 성장을 이루는 과정을 중시했다.

23

"성경을 모르는 것은 그리스도를 모르는 것이다."

❧

제롬

#327~420년 #로마_가톨릭교회 #성경_번역가

제롬(Jerome)은 로마 가톨릭교회의 중요 인물로 교회 권력 강화에 힘이 된 수도원 설립을 강력히 주장한 것으로 알려진다.

문필가였던 그는 성경의 라틴어 번역본인 '불가타 성경'(Vulgate Bible)을 완성한 것으로 가장 잘 알려져 있다.

그는 당시 통용되던 다양한 라틴어 성경 번역들의 문제를 해결하기 위해 히브리어, 헬라어(그리스어) 원문을 바탕으로 성경을 새로 번역했습니다. 이 작업은 로마 가톨릭교회에서 공식적으로 사용되는 라틴어 성경인 불가타 성경으로 이어졌으며 기독교 신학과 성경 해석에 지대한 영향을 미쳤다.

"자신의 욕망을 정복하는 사람은 세상을 정복한 사람보다 더 큰 용기를 가지고 있다."

그는 자기 절제와 금욕적 삶을 강조하며, 욕망을 다스리는 것이야말로 진정한 승리라고 가르쳤다.

"무엇보다 먼저 영혼을 깨끗하게 하라. 그 후에 말씀의 씨앗을 심어라."

성경의 말씀을 받아들이기 전에 영혼을 깨끗하게 하고, 죄와 유혹으로부터 벗어나야 한다는 그의 가르침은 도덕적 순수성을 추구하는 기독교인의 삶을 강조한 것이다.

"오만은 모든 덕의 적이다."

그는 겸손을 덕목으로 삼으며, 오만이 영적 성장에
있어 가장 큰 장애물이라고 여겼다.

24

"믿음이 없으면 이해할 수 없다. 이해함으로써 믿는다."

⟳✽⟲

아우구스티누스

#354~430년 #신앙_이성 #고백록_신국론

아우구스티누스(Augustine)는 기독교 신학과 철학에 지대한 영향을 미친 중요한 신학자 중 한 명으로 꼽힌다.

그는 초기 플라톤주의의 사상을 기독교 신앙과 결합시켰으며, 인간의 자유 의지, 원죄, 구원, 하나님의 은총, 시간과 영원 등과 같은 주제들을 깊이 탐구했다. 그의 저서 '고백록'(Confessiones)과 '신국론'(De Civitate Dei)은 서방 신학의 기초를 세운 것으로 평가된다.

그는 믿음과 이성의 관계를 중시했습니다. 그는 이해하기 위해서는 먼저 믿어야 하며, 믿음을 통해 이성적인 탐구가 가능하다고 봤다.

"당신은 우리를 창조하셨기에, 우리의 마음은 당신 안에서만 안식을 찾습니다."

'고백록'의 유명한 구절이다. 인간이 본질적으로 하나님을 향한 갈망을 가지고 있으며, 하나님 안에서만 참된 평안을 찾을 수 있다는 뜻이다.

"사랑하라. 그리고 네가 원하는 것을 하라."

그는 사랑을 기독교 윤리의 핵심으로 봤다. 진정한 사랑이 있다면, 그 사랑에서 비롯되는 행동은 도덕적으로 올바를 것이라는 의미다.

"내가 신비 안으로 들어갈수록 나는 나 자신을 더 알게 된다."

아우구스티누스는 내적 성찰과 자기 인식을 통해 하나님을 발견하는 과정을 중요시했습니다. 자기 이해와 신의 이해가 밀접하게 연결돼 있다고 생각했다.

25

"운명은 본질적으로 변하는 법이다."

❦

보에티우스

#480~524년 #철학의_위안 #신과_운명

보에티우스(Boethius)는 저서 '철학의 위안'(The Consolation of Philosophy)으로 잘 알려져 있다. 이 책은 그가 감옥에서 처형을 앞두고 썼으며, 자신이 철학의 여신과 대화를 나누며 인생의 고통과 행복, 운명 등에 대해 대화하는 형식이다. 그는 인간이 처한 고난과 불확실성을 철학적 통찰을 통해 극복할 수 있다고 믿었으며, 이과정에서 자기 성찰과 지혜의 중요성을 강조했다.

그는 고대 그리스 철학을 라틴어로 번역하고, 이를

중세 유럽에 전파하는 데 중요한 역할을 했으며, 플라톤과 아리스토텔레스의 사상을 서구에 소개한 인물 중 한 명이다.

특히 그는 운명이란 본질적으로 변덕스러운 것이며, 그것에 집착하는 것은 어리석다고 봤다.

"모든 운명은 섭리의 표현이며, 섭리는 신의 뜻에 따라 움직인다."

인간의 운명이 때로는 이해되지 않을 수 있지만, 그것은 모두 신의 계획안에 있으며, 그 안에서 의미를 찾을 수 있다는 뜻이다.

"행복은 외부로부터 주어지는 것이 아니므로 내면에서 찾아야 한다."

보에티우스는 진정한 행복은 자기 자신 안에서 찾을 수 있는 것임을 강조했다. 이는 그의 철학에서 중요한 핵심 주제 중 하나다.

26

"진정한 철학은 진정한
종교와 다르지 않다."

∽✦∾

에리우게나

#810~877년 #아일랜드 #자연의_분류

에리우게나(Eriugena)는 아일랜드 출신의 학자로 저서 '자연의 분류'(De Divisione Naturae)가 유명하다.

그는 철학과 신학이 본질적으로 같은 목표를 추구한다고 봤다. 따라서 철학을 통해 신적 진리를 이해할 수 있으며, 이는 신앙적 진리와 다르지 않다고 강조했다.

특히 그는 신과 창조에 대한 독창적인 이론을 발전시켰으며, 그리스 철학자들의 영향을 받아 신과 인간, 존재와 비존재에 대한 문제를 탐구했다. 그는 당시의 교회 전통과는 다소 차별화된 신학적 관점을 제시하여 논란을 불러일으키기도 했다.

"자연은 신으로부터 나와 다시 신에게로 돌아간다."

에리우게나의 순환적 세계관을 잘 보여주는 말이다. 모든 존재는 신으로부터 시작되며, 궁극적으로 다시 신에게로 돌아가는 과정을 거친다고 보았습니다. 이 개념은 창조와 구원의 순환적 과정을 강조한다.

"어둠이 빛을 이해하지 못하듯, 비존재는 존재를 이해할 수 없다."

비존재는 단순한 무(無)가 아니라, 인간의 이성으로는 파악할 수 없는 신의 초월적 상태를 뜻한다. 이는 존재하는 모든 것을 초월한 신의 속성을 설명하는 것이다.

27

"지식은 그 자체로
완전함을 가져온다."

아비세나

#980~1037년 #이슬람_세계 #존재론

아비세나(Avicenna)는 이슬람 세계의 가장 위대한 철학자이자 의학자로 알려져 있다. 페르시아 출신인 그는 아리스토텔레스의 철학을 깊이 연구했으며, 이를 이슬람 철학과 융합해 발전시켰다.

그는 존재론에서 존재 자체와 필연적 존재에 대한 깊이 있는 분석을 남겼다. 그는 존재를 두 가지로 나누었는데, 하나는 '필연적 존재'(Necessary Being), 즉 스스로 존재하는 신이며, 다른 하나는 '가능적 존재'(Contingent

Being)로 외부 원인에 의해 존재하게 되는 우주와 모든 피조물입니다. 따라서 신만이 필연적으로 존재하며, 우주의 모든 것은 신에 의존한다고 봤다.

그는 지식과 이성적 사고가 인간을 완성시키는 중요한 도구라며, 지식을 추구하는 것이 인간의 완전성과 행복을 이끄는 길이라고 강조했다.

"영혼은 신적이기에 불멸하다."

아비세나는 영혼의 신성과 불멸성을 주장했습니다. 그는 영혼이 신체에 종속되지 않으며, 죽음 이후에도 독립적으로 존재한다고 봤다.

"인간의 이성은 우주의 원리를 깨닫는 도구다."

아비세나의 이성 중심적 철학을 잘 나타내는 구절이다. 그는 인간의 이성이 신적 진리와 우주의 원리를 깨닫는 열쇠라고 여겼다.

28

"철학은 신앙을 이해하는 도구다."

아베로에스

#1126~1198년 #아리스토텔레스의_대변인 #이중_진리설

아베로에스(Averroes)는 중세 이슬람 세계에서 가장 영향력 있는 철학자이자 법학자, 의사로 알려져 있다.

그는 이슬람 철학뿐만 아니라 유대 철학과 기독교 철학에도 영향을 끼쳤다. 특히 '아리스토텔레스의 대변인'으로 불릴 정도로 아리스토텔레스 철학의 권위자로 평가받는다.

아베로에스는 이성과 신앙이 서로 대립하는 것이 아

니라, 조화를 이룰 수 있다고 주장했다. 그는 이슬람 율법과 철학을 화해시키려고 노력했으며, 철학적 탐구를 통해 진리에 도달하는 것이 가능하다고 믿었다. 특히 아리스토텔레스의 논리와 철학이 신학적 진리와 충돌하지 않으며, 신학을 이해하는 도구로 이성을 사용할 수 있다고 봤다.

그의 이러한 사상은 후에 서유럽의 스콜라 철학자들, 특히 토마스 아퀴나스에게 영향을 미쳤다.

"무지는 그 자체로 악이며, 지식을 추구하는 것이야말로 인간의 최고 덕목이다."

아베로에스는 지식과 이성적 탐구를 통해 인간이 선을 추구할 수 있다고 주장했다. 따라서 인간을 타락하게 하는 주요 원인이 무지이며, 지식을 통해 진리와 선을 찾아야 한다고 생각했다.

"철학적 사고를 통해 우리는 신의 뜻을 더욱 명확히 이해할 수 있다."

그는 철학이 단순한 세속적 지식이 아니라, 신의 뜻을 이해하는 수단이 될 수 있다고 봤다.

"이성은 신이 인간에게 준 가장 큰 선물이다."

아베로에스는 이성적 사고를 인간에게 부여된 신의 축복으로, 이를 통해 인간은 신의 뜻과 자연의 법칙을 이해할 수 있다고 믿었다.

29

"이성을 따르는 사람은 결코 길을 잃지 않는다."

◦✷◦

마이모니데스

#1138~1204년 #방랑자들을_위한_안내서 #유대교_신학

마이모니데스(Maimonides)는 '유대교 신앙의 13가지 원칙'을 제시했다. 이 원칙들은 유일신, 선택된 민족으로서의 이스라엘, 신의 불변성, 예언자, 메시아의 도래 그리고 죽은 자의 부활과 같은 유대교의 핵심 교리를 포함하고 있으며, 이는 이후 유대교 신학의 기초가 됐다.

그의 가장 유명한 저서인 '방랑자들을 위한 안내서'(Guide for the Perplexed)는 철학과 유대 신학을 연결하는 시도로, 주로 지적 혼란을 겪는 이들을 위해 작성됐다.

이 책은 이성과 신앙을 조화시키려는 내용을 담고 있으며, 중세 유럽에서 크게 공감받고 토론된 철학서다.

"신을 아는 것이 진정한 지식이다. 이성은 신에 대한 진리를 발견하는 도구다."

마이모니데스는 이성적 탐구를 통해 신의 본질을 이해할 수 있다고 봤다.

"사람의 가치는 그가 추구하는 목적에 있다. 인간은 선과 진리를 추구해야 한다."

인간의 목적이 진리와 선을 추구하는 데 있다고 본 마이모니데스는 윤리적 가르침에서 도덕적 삶과 지식의 추구가 중요한 역할을 한다고 생각했다.

"하나의 잘못된 생각은 수백 개의 올바른 생각을 해친다."

그는 인간의 사고와 판단에서 논리와 정확성의 중요성을 강조했다. 잘못된 생각이 사람을 올바른 길에서 벗어나게 할 수 있다고 경고했다.

30

"의도는 행동보다
더 중요하다."

아벨라르

#1079〜1142년 #엘로이즈 #예_아니오

아벨라르(Abélard)는 이성과 신앙의 관계, 보편자 (Universals) 논쟁 그리고 윤리학에 관한 견해 등으로 알려져 있다. 특히 보편자에 관한 논쟁에서 독특한 입장을 제시했다. 그는 실재론(Realism)과 유명론(Nominalism) 사이에서 개념론(Conceptualism)을 주장했다. 이는 보편자가 실제로 존재하는 것도 아니고, 단순히 이름에 불과한 것도 아닌, 우리의 사고 속에서 존재하는 개념이라고 봤다.

그는 또한 '엘로이즈'(Héloïse)와의 비극적인 사랑 이야기로도 유명하다. 이 이야기는 중세 문학의 역사에서 오래도록 회자되고 있다. 저서 '예 아니오'(Sic et Non)에서는 신학적 문제들에 대해 서로 상반된 의견을 나열하고, 이러한 상반된 주장들을 어떻게 해결할 수 있을지를 논의했다.

"이해하기 위해 믿으라."

아벨라르는 신앙이 이해의 출발점이며, 이성적 탐구가 신앙을 더욱 깊이 이해하는 도구가 될 수 있다고 믿었다.

"질문을 통해 우리는 진리를 발견한다."

그는 질문하고 논쟁하는 과정을 통해 진리에 도달할 수 있다고 보았습니다.

"하나의 진리를 찾기 위해서는 다양한 관점을 이해해야 한다."

그의 저서 '신학적 서문'에서 논의된 사상으로, 서로 다른 관점들을 탐구하고 분석함으로써 진리를 발견할 수 있다는 철학적 태도를 강조한 구절이다.

31

"이해하기 위해
믿는다."

안셀무스

#1033~1109년 #스콜라_철학 #존재론적_증명

안셀무스(Anselm)는 중세 기독교 신학자이자 철학자로, 주로 스콜라 철학의 기초를 다지는 데 기여한 인물이다. 그는 이탈리아에서 태어났지만, 영국의 캔터베리 대주교로서 활동하며 서양철학과 신학에서 중요한 역할을 했습니다.

특히 그는 '존재론적 증명'으로 유명하다. 그의 주장에 따르면 신은 '존재할 수 있는 가장 완전한 존재'로 정의된다. '존재하지 않는 것보다는 존재하는 것이 더 완전하다'. 따라서 신은 '반드시 존재해야 한다'. 그렇지 않으면 신은 가장 완전한 존재가 될 수 없기 때문이다.

이 논증은 중세 철학과 신학에서 큰 영향을 미쳤고 후대 철학자들에 의해 논쟁의 대상이 됐다. 특히 르네 데카르트와 임마누엘 칸트는 이 논증에 대해 비판하거나 발전시키려 했다.

"신앙을 추구하는 이성"

이 구절은 안셀무스의 철학적 접근 방식을 잘 보여줍니다. 신앙은 이성적 탐구의 출발점이며, 신앙을 통해 이성은 더 깊이 이해할 수 있다는 그의 기본 철학을 요약한 말이다.

"신은 그보다 더 큰 것을 생각할 수 없는 존재이다."

안셀무스의 존재론적 증명의 핵심이 되는 말이다. 이 말은 최고 존재인 신의 정의를 나타내며, 논리적으로 신이 존재할 수밖에 없음을 강조한 것이다.

"신을 부정하는 자는 그 자체로 신의 존재를 인정하는 것이다."

그는 신을 부정하는 이들도 신에 대한 개념을 가지고 있으며, 이는 이미 신이 존재한다고 인정하는 것이나 다름없다고 주장했다.

32

"법은 이성이 정한
질서다."

❦

토마스 아퀴나스

#1225~1274년 #신학대전 #가톨릭_교회_공식_철학자

　토마스 아퀴나스(Thomas Aquinas)는 기독교 신학과 아리스토텔레스 철학을 융합한 철학적 사유로 유명하다. 가톨릭 교회의 공식 철학자로 인정받았던 그의 사상은 기독교 교리의 핵심적인 이론적 기초가 됐다. 또한 그의 저서 '신학대전'(Summa Theologica)은 기독교 신학을 체계적으로 집대성한 것으로 철학과 신학의 관계를 탐구하는 데 중요한 역할을 한 것으로 평가받는다.

특히 신의 존재를 증명하기 위한 다섯 가지 방법, 즉 ▲운동에 의한 증명 ▲인과관계에 의한 증명 ▲필연성과 가능성에 의한 증명 ▲정도에 의한 증명 ▲목적론적 증명 등으로 유명하다.

그는 또한 법이 단순히 명령이나 강제력이 아닌 이성적 질서로 인간 사회의 도덕적 원칙을 규율하는 역할을 해야 한다고 주장했다.

"신앙과 이성은 하나의 진리를 향해 나아간다."

아퀴나스의 이성과 신앙의 조화 사상을 잘 나타내는 말이다. 그는 이성과 신앙이 서로 다른 영역에서 활동하지만, 궁극적으로 하나의 진리를 향해 나아간다고 봤다.

"행복은 신과 하나 되는 것에서 비롯된다."

아퀴나스는 인간의 궁극적 목표는 신과의 일치에 있으며, 진정한 행복은 신과의 관계에서 찾아야 한다고 주장했다.

"이성의 빛은 신이 우리 안에 심어주신 빛이다."

아퀴나스의 자연법 사상을 반영하는 말로, 인간의 이
성은 신의 영원한 법을 반영하고 있다고 봤다.

33

"수학은 모든 학문의
열쇠다."

로저 베이컨

#1219~1292년 #경험주의의_아버지 #수학의_중요성

　　로저 베이컨(Roger Bacon)은 과학적 탐구에서 수학의 중요성을 강조했다. 수학은 자연 현상을 설명하는 기초적인 도구이며, 이를 통해 인간이 자연을 더 잘 이해할 수 있다고 봤다.

　　중세 스콜라 철학자, 신학자, 그리고 과학자로 잘 알려져 있는 그는 특히 경험적 연구와 실험 과학의 중요성을 강조했다. '경험주의의 아버지'로 불리며, 후대 과학자들에게 큰 영향을 미친은 당시의 주류 철학과 신학

이 지나치게 이론적이고 아리스토텔레스에 의존한다고
비판하면서, 직접적인 관찰과 실험을 통해 진리를 탐구
하는 방식이 더 중요하다고 주장했다.

"경험은 모든 것을 가르친다."

베이컨은 경험적 지식의 중요성을 강조했다. 그는 직
접적인 관찰과 실험을 통해서만이 진정한 지식을 얻을
수 있다고 주장했다.

"이성은 경험에 의해 비추어질 때만이 완전하
다."

이성과 경험의 조화를 강조한 베이컨의 말이다. 그는
이성이 추상적 사고에만 머물러서는 안 되며, 경험을
통해 구체적인 지식과 연결돼야 한다고 봤다.

"과학적 지식은 신의 창조를 이해하는 열쇠다."

베이컨은 과학을 통해 자연을 이해함으로써, 궁극적으로 신의 창조를 더 깊이 이해할 수 있다고 믿었다. 이는 그의 신학적 사상과 과학적 탐구가 서로 밀접하게 연결되어 있음을 보여줍니다.

34

"의지는 지성을 초월하는 능력을 가진다."

❦

둔스 스코투스

#1266~ 1308년 #존재와_본질 #토마스_아퀴나스

둔스 스코투스(Duns Scotus)는 의지의 우위를 주장하며, 인간의 선택과 행동이 지성보다 의지에 의해 주도된다고 봤다. 이는 중세 철학에서 중요한 논의 주제였다.

스코투스는 토마스 아퀴나스와 함께 중세 철학을 이끈 대표적인 인물이다. 특히 형이상학과 인식론, 윤리학에 대한 독창적인 사유로 주목받았다.

그는 파리 대학교와 옥스퍼드 대학교에서 가르쳤으

며, 아리스토텔레스 철학에 대한 독자적인 해석과 신학적 문제를 깊이 있게 탐구했다. 그의 사상은 후에 '스코투스주의'(Scotism)라는 철학적 전통을 형성하게 됐다. 이는 토마스주의와 함께 가톨릭 철학에서 중요한 두 가지 학파로 자리잡았다.

"신은 우리의 이성으로 완전히 이해될 수 없는 존재다."

스코투스의 신학적 사유를 잘 반영하는 말이다. 그는 신이 인간 이성의 범주를 초월한 존재이며, 신에 대한 완전한 이해는 인간의 한계를 넘어선다고 봤다.

"보편자는 실재적이며, 개별자의 존재 안에서 실현된다."

스코투스는 보편자의 실제성을 옹호했으며, 이는 그의 보편자 문제에 대한 독특한 입장을 보여준다.

"모든 진리는 하나의 근원에서 비롯됐다."

  그는 모든 진리가 신으로부터 비롯되었다고 믿었으
며, 이는 그의 형이상학적이고 신학적인 세계관을 잘
반영한다.

35

"불필요한 것은
제거하라."

∽❦∾

윌리엄 오브 오캄

#1290~1349년 #면도칼 #경험주의

    윌리엄 오브 오캄(William of Ockham)의 '면도칼' 개념 핵심을 설명하는 말이다. 어떤 논리적 또는 철학적 논증에서 필요 이상의 복잡한 가정을 배제하고, 단순하고 명확한 설명을 찾으라는 의미다.

    그는 논리와 언어 분석, 그리고 철학적 방법론에 대한 새로운 접근 방식을 제시했다. 또한 경험주의와 단순성의 원칙을 강조하며, 불필요한 가정을 제거하고 간단한 설명을 선호하는 철학적 입장을 발전시켰다.

'스콜라 철학의 마지막 인물'로 불리며 중세 철학의 전통을 이어가면서도 근대 철학의 시초를 열었다고 평가받는 오캄은 아리스토텔레스 철학의 전통을 따랐지만, 그 철학을 수정하고 간소화하려는 시도를 했다. 또한 교황의 권위와 세속 권력에 대해 비판했다.

"보편자는 단지 이름에 불과하다."

오캄의 유명론을 잘 표현한 어록이다. 그는 보편적 개념이 실제로 존재하는 것이 아니라, 인간이 사물을 분류하기 위해 사용하는 이름에 불과하다고 봤다.

"나는 믿음을 통해 신을 이해하고, 이성으로 세상을 이해한다."

그는 신앙을 통해 초자연적 진리를 이해할 수 있지만, 세속적 진리는 이성을 통해 탐구해야 한다고 주장했다.

"신의 전지전능은 인간 이성으로 이해될 수 없다."

오캄은 신의 존재와 성질이 인간의 이성으로는 완전히 이해될 수 없다고 주장했다. 이는 그가 신학적 문제와 철학적 문제를 구분하려 했던 태도와 일치한다.

36

"하나님 앞에서
모든 사람은 동등하다."

존 위클리프

#1320~1384년 #종교_개혁 #영국_철학자

존 위클리프(John Wycliffe)는 신분이나 지위와 상관없이 모든 사람이 하나님 앞에서 동등한 존재임을 강조하며, 하나님의 은혜는 차별 없이 주어진다고 봤다.

위클리프는 교황과 교회의 부패를 강하게 비판하며, 성경이 교회의 권위보다 우위에 있다는 주장을 펼쳤다. 이로 인해 종종 '종교 개혁의 새벽별'로 불리며, 훗날 루터, 칼뱅 같은 개혁가들에게 사상적 토대를 제공한 인물로 여겨진다.

위클리프는 옥스퍼드 대학에서 교육을 받았고, 이후 교수로 활동하며 철학과 신학을 연구했다. 그의 사상은 가톨릭 교회 내에서 논란을 일으켰고, 결국 교회의 분노를 사게 되어 사후에 이단으로 판정받았다. 위클리프는 특히 성경의 중요성을 강조했고, 당시 라틴어로만 존재하던 성경을 영어로 번역하는 데 큰 기여를 했다.

"성경은 모든 진리의 기준이다."

위클리프는 성경이 최종적이고 결정적인 권위임을 주장하며, 모든 신앙과 교리의 기준이 돼야 한다고 믿었다.

"가장 작은 자도 성경을 읽고 이해할 권리가 있다."

그는 성경이 특정 계층의 전유물이 아니라, 모든 사람이 접할 수 있는 하나님의 말씀이라는 점을 강조했다.

"부패한 교회는 영혼을 구원할 수 없다."

그는 당시 교회의 부패를 강하게 비판하며, 부패한
교회가 신자들에게 영적 도움을 줄 수 없다고 경고
했다.

37

"사랑받는 것보다 두려움 받는 것이 더 안전하다."

마키아벨리

#1469~1527년 #이탈리아 #군주론

군주는 신뢰를 기반으로 권력을 행사하기보다 두려움을 통해 권력을 강화하는 것이 더 안전하다는 마키아벨리의 권력관을 보여주는 말이다.

니콜로 마키아벨리(Niccolò Machiavelli)는 이탈리아의 정치 철학자, 외교관, 역사학자로, 특히 그의 저서 '군주론'(Il Principe)으로 잘 알려져 있다. 그는 정치 현실주의의 창시자 중 하나로 권력의 본질을 철저히 분석하며 도덕적 가치보다 실용적 성공을 강조한 철학자다.

그의 사상은 현대 정치학의 기초로 여겨지며, 실용적이고 효과적인 정치 전략을 다룬다는 점에서 영향력이 크다.

마키아벨리는 피렌체 공화국에서 외교관으로 일하며 다양한 정치적 경험을 쌓았고, 유럽의 여러 나라와 도시국가의 정치를 관찰하면서 권력과 인간 본성에 대한 깊은 통찰을 얻게 됐다. 1512년 메디치 가문이 피렌체를 장악하면서 마키아벨리는 정치에서 배제되었고, 그로 인해 저술에 전념하게 되었는데, 군주론이 바로 그 결과물이다. 군주론은 정치 지도자에게 권력을 유지하고 강화하기 위한 실질적 전략을 조언하는 책으로, 오늘날까지도 정치학, 경영학, 심리학 등의 분야에서 자주 인용된다.

"운명은 여성과 같다. 길들일 때에는 강하게 대해야 한다."

마키아벨리는 운명을 통제하기 어려운 여성에 비유하며, 군주가 용기와 결단력으로 도전해야 한다고 봤다.

"사람은 선보다 악을 쉽게 믿는다."

그는 인간이 본성적으로 이기적이고 의심이 많다고 봤으며, 군주가 대중의 신뢰를 얻는 것은 어렵지만 두려움을 주는 것은 비교적 쉽다는 현실을 반영한 말이다.

"인간은 기회가 주어질 때 악행을 저지른다."

이 말은 그가 인간의 본성을 부정적으로 본다는 것을 잘 나타낸다. 군주는 인간의 본성에 대한 이해를 바탕으로 권력을 행사해야 한다는 그의 사상을 반영한다.

38

"모든 신자는
하나님 앞에서 평등하다."

❦

마틴 루터

#1483∼1546년 #종교_개혁 #가톨릭_교회_비판

마틴 루터(Martin Luther)는 모든 신자는 하나님 앞에서 평등하다고 믿었고, 특정 성직자가 아니라 모든 신자가 하나님과 직접 소통할 수 있는 제사장적 역할을 할 수 있다고 봤다.

그는 가톨릭 교회의 부패와 면죄부 판매를 비판하며 기독교 역사에 큰 변혁을 일으켰다. 루터는 교회의 중재 없이도 하나님과 개인이 직접 관계를 맺어야 한다고 주장하며, '오직 성경'(Sola Scriptura)과 '오직 믿음'(Sola Fide) 을 종교 개혁의 기초로 삼았다. 그의 사상은 이후 개신 교의 기반이 됐으며, 교회의 절대적 권위에 맞서 개인 의 신앙 자유를 중시하는 철학을 발전시켰다.

그는 가톨릭 교회로부터 이단으로 규정됐다. 하지만 그의 사상은 더욱 널리 퍼지며 종교 개혁의 출발점이 됐다.

"성경 외에 다른 권위를 따르지 않겠다."

그는 교회의 권위보다 성경이 우선이라는 그의 사상 을 분명히 밝히며, 오직 성경에 의지하고자 했다.

"사람의 진정한 부는 신앙 속에 있다."

루터는 세속적 부가 아닌, 하나님에 대한 믿음이 인 간의 진정한 자산이라고 주장했다.

"믿음은 살아있는 것처럼 행동해야 한다."

루터는 믿음이 단순한 관념에 그쳐서는 안 되며, 실천적이고 생동감 있는 삶으로 표현돼야 한다고 강조했다.

39

"진정한 신앙은
믿음과 삶이 일치하는 것."

❧

존 칼뱅

#1509~1564년 #프랑스_종교_개혁 #칼뱅주의

존 칼뱅(John Calvin)은 신앙이 단지 마음속의 믿음에 그치지 않고, 삶의 방식으로 드러나야 한다고 가르쳤다.

그는 프랑스 출신의 종교 개혁가이자 기독교 신학자다. 그의 가르침은 칼뱅주의(칼빈주의)로 불리며 개신교의 중요한 기초가 됐다. 그는 하나님의 절대 주권과 예정론을 강조하며, 인간의 구원이 오직 하나님의 은총에 달려 있다고 주장했다. 대표 저서인 '기독교 강요' (Institutio Christianae Religionis)는 기독교 교리를 종합적으로 설명하며, 개신교 신학의 중요한 지침서로 평가받는다.

칼뱅은 젊은 시절 가톨릭 사제가 되기 위해 공부했으나, 루터의 사상에 영향을 받아 개신교 신앙을 받아들였다. 이후 스위스로 건너가 종교 개혁을 이끌며, 제네바를 개혁주의 신앙의 중심지로 만들었다. 그의 가르침은 전 유럽으로 확산되면서 영국, 네덜란드, 스코틀랜드 등지에서 개혁 교회의 기초를 마련했다.

"우리는 하나님의 뜻에 의해서만 구원받는다."

칼뱅의 예정론과 하나님의 주권을 잘 나타내는 말로, 인간의 구원이 오직 하나님의 뜻에 달려 있음을 강조한다.

"하나님의 영광을 위한 삶이 진정한 인간의 목적이다."

그는 인간이 자기 자신을 위해 사는 것이 아니라, 하나님의 영광을 위해 살아야 한다고 봤다.

"우리는 하나님의 뜻에 의해서만 구원받는다."

칼뱅의 예정론과 하나님의 주권을 잘 나타내는 말로, 인간의 구원이 오직 하나님의 뜻에 달려 있음을 강조했다.

40

"교회는 순수함을
유지해야 한다."

❦

쯔빙글리

#1484~1531년 #성경_중심주의 #종교_개혁가

쯔빙글리(Ulrich Zwingli)는 세속적 요소가 교회에 침투해서는 안 되며, 신앙은 순수해야 한다고 강조했다.

그는 스위스의 기독교 종교 개혁가로, 개신교 종교 개혁의 초기 지도자 중 한 명이다. 마틴 루터와 비슷한 시기에 활동했으나, 독자적인 사상과 방법으로 스위스에서 개혁 운동을 이끌었다. 그의 개혁은 주로 취리히를 중심으로 이루어졌으며, 성경을 신앙과 교회의 유일한 권위로 삼는 성경 중심주의와 종교적 상징에 대한 비판을 강조했다.

그는 성경이 신앙의 유일한 권위라며, 교회의 전통이나 교황의 권위가 아닌 성경에 근거한 신앙을 주장했다. 특히 교회 전통에 대해 비판했다. 그는 성상 숭배, 미사, 성직자의 독신제 등을 반대하며, 교회가 세속적이고 형식적인 요소에서 벗어나야 한다고 강조했다.

"하나님의 말씀 외에 다른 권위는 없다."

쯔빙글리는 성경이야말로 신앙의 유일한 권위임을 강조하며, 종교적 권위가 성경에서 나와야 한다고 주장했다.

"오직 믿음으로, 오직 은혜로, 오직 그리스도로."

그는 구원은 오직 하나님께 달려 있으며, 인간의 공로가 아닌 은총에 의해 이루어진다고 봤다.

"사람의 전통이 아닌, 하나님의 말씀이 교회의 기
초가 돼야 한다."

그는 교회의 모든 가르침이 오직 성경에서 나와야 함
을 주장하며, 교회의 전통과 관습을 비판했다.

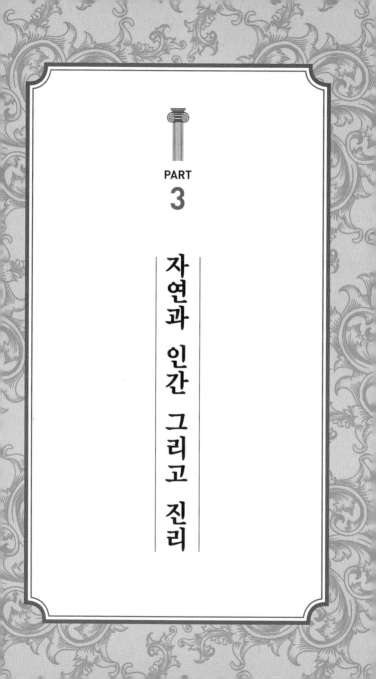

PART
3

자연과 인간 그리고 진리

41

"영혼을 이끄는 것은 진리이고, 진리를 통한 자유다."

로욜라

#1491~1556년 #스페인_군인 #예수회

로욜라(Loyola)는 스페인 북부의 귀족 가문에서 태어난 군인이었다. 전쟁 중 중상을 입은 그는 회복 기간을 거치며 신앙의 길에 눈을 뜨게 된다.

그리스도의 삶을 본받기로 결심한 그는 교회 개혁과 신앙 교육에 힘쓰며 카톨릭 교회 내부의 쇄신을 도모했다. 그가 설립한 예수회는 교육과 선교 활동을 통해 종교 개혁을 이끌어냈고, 오늘날 전 세계에 널리 퍼져 있다.

그의 저서 '영신 수련'(Spiritual Exercises)은 신자들이 기도와 명상을 통해 영적 성장을 경험할 수 있도록 하는 지침서다. 이를 통해 그는 신자들이 하나님과 깊은 관계를 맺고 신앙을 체험하도록 도왔다. 로욜라와 예수회는 교육과 선교를 통해 교리와 신학을 강화하며 가톨릭 신앙을 수호하는 데 기여를 했다.

"하나님을 위해 모든 것을 하라."

로욜라는 삶의 모든 순간이 하나님께 헌신되어야 함을 강조했다.

"모든 것을 버리고 그리스도를 따르라."

그는 신앙이 최우선이 돼야 하며, 세속적인 욕망을 버릴 것을 촉구했다.

"나의 뜻이 아닌, 오직 하나님의 뜻이 이루어지길 원합니다."

하나님 앞에서 완전히 자아를 버리고 순종할 것을 권장한 말입니다.

42

"모든 것은
태양 주위를 돈다."

∞※∞

코페르니쿠스

#1473~1543년 #폴란드 #근대_천문학의_아버지

니콜라우스 코페르니쿠스(Nicolaus Copernicus)는 폴란
드의 천문학자이자 수학자로, 근대 천문학의 아버지로
불린다. 그는 중세적 우주관을 뒤흔든 지동설(태양 중심설)
을 주장해 천문학뿐 아니라 과학 전반에 엄청난 영향
을 미쳤다. 당시의 지배적인 천문학 이론은 프톨레마
이오스의 천동설(지구 중심설)로, 지구가 우주의 중심에 고
정돼 있고 모든 천체가 지구를 중심으로 돌고 있다고
믿었다.

지동설은 코페르니쿠스가 사망 직전인 1543년에 출간한 '천체의 회전에 관하여'(De Revolutionibus Orbium Coelestium)에서 처음 공식적으로 발표됐다. 그의 이론은 후대 과학자들, 특히 갈릴레오 갈릴레이와 요하네스 케플러에게 큰 영향을 미쳤다. 그리고 근대 과학혁명의 초석이 됐다.

"우주는 우리가 생각하는 것보다 훨씬 더 거대하다."

코페르니쿠스는 지동설을 통해 우주의 광대함을 처음으로 인식하게 했다.

"나는 신의 창조를 이해하기 위해 노력하고 있을 뿐이다."

그는 신앙과 과학이 조화를 이룰 수 있다고 믿으며, 과학적 탐구를 통해 신의 창조물을 이해하려 했다.

"어떤 이론이든 수학적으로 맞아떨어져야 한다."

그는 수학적 계산과 논리의 중요성을 강조해, 이론의 수학적 일관성을 중시했다.

43

"나는 무엇을
아는가?"

❦

몽테뉴

#1533~1592년 #에세이 #수상록

미셸 드 몽테뉴(Michel de Montaigne)의 가장 유명한 회의
적 질문으로 모든 지식에 대한 의문을 표하며 자기 성
찰과 겸손의 중요성을 보여주는 말이다.

그는 프랑스의 철학자이자 작가로 에세이(수필) 형식을
창시하고 발전시킨 인물이다. 저서인 '수상록'(Essais)에
서 다양한 주제에 대해 자신의 경험과 생각을 자유롭게
탐구한 그는 사색의 즐거움과 성찰을 추구했다.

그는 자기 자신과 인간 본성에 대한 깊은 이해를 위

해 글을 쓰기 시작했다. 이는 개인적 경험을 통한 철학적 탐구라는 독특한 사유 방식을 보여준다. 그의 수필은 스토아 철학, 에피쿠로스주의, 스콜라 철학 등 다양한 철학적 사상을 반영하며, 동시에 인간의 불완전함과 무지를 인정하고 겸허함을 강조한다.

"나 자신을 아는 것은 철학의 가장 큰 과업이다."

그는 자기 성찰을 통해 자신의 본성과 삶을 이해하는 것이 가장 중요한 학문임을 강조했다.

"완전한 확신보다 더 큰 허영심은 없다."

그는 지나친 확신과 자만이 인간의 맹목적 오류를 낳는다고 경고했다.

"진정한 자유는 자기 자신을 이해하고 받아들이는 데 있다."

그는 인간이 자신의 한계와 약점을 받아들이고 자기 자신을 이해할 때 진정한 자유를 누린다고 봤다.

44

"그래도
지구는 돈다."

〜✼〜

갈릴레이

#1564〜1642년 #이탈리아 #근대_과학의_아버지

갈릴레오 갈릴레이(Galileo Galilei)가 지동설을 철회하도록 압박받은 후에도 내면적으로 지동설을 확신하고 있음을 드러낸 말이 "그래도 지구는 돈다"이다. 과학적 진리에 대한 그의 신념을 나타낸 말로 유명하다.

그는 이탈리아의 천문학자이자 물리학자, 철학자로 근대 과학의 아버지로 불립니다. 실험적 방법과 수학적 분석을 사용해 중세의 아리스토텔레스적 자연관에서 벗어나 근대 과학의 기초를 마련한 그는 망원경을 개량해 천체를 관찰했다. 이를 통해 지동설을 입증하는 과학적 근거를 제시했고 목성의 위성, 태양 흑점, 금성의 위상 변화를 관찰해 우주에 대한 기존의 믿음을 뒤흔들었다.

그는 실험적 방법론을 중시해 이론적 주장보다는 관찰과 실험을 통해 진리를 밝히고자 했다. 특히 자연의 법칙이 수학적 언어로 표현될 수 있다고 믿었고 실험과 수학을 통해 자연의 움직임을 설명하려 했다. 그의 연구는 뉴턴과 근대 물리학으로 이어지는 중요한 초석이 됐다.

"자연은 수학적 언어로 쓰여 있다."

그는 자연이 수학적 구조와 법칙에 의해 움직인다고 믿었으며, 이를 통해 자연 현상을 설명할 수 있다고 봤다.

"진리는 권위에 의존하지 않는다."

그는 진리가 교회나 기존의 권위에 의존하지 않으며, 과학적 탐구를 통해 스스로 입증돼야 한다고 주장했다.

"궁극의 현명함은 무지를 아는 데 있다."

진정한 지혜는 자신의 무지를 깨닫는 데 있음을 강조하며, 겸손한 태도를 권장했다.

45

"지식은
힘이다."

∾⟐∾

베이컨

#1561~1626년 #영국 #경험론

　프란시스 베이컨(Francis Bacon)은 과학적 지식이 인류의 삶을 향상시키고 자연을 통제할 수 있는 힘을 제공한다고 믿었다.

　영국의 철학자, 정치가, 과학자였던 베이컨은 근대 경험론과 과학적 방법론의 기초를 세운 인물이다.

　그의 저서 '신기관'(Novum Organum)은 귀납적 방법을 구체화한 중요한 작품으로 근대 과학 발전에 큰 영향을 미쳤다. 또한 편견과 오류로부터 벗어나기 위해 '우상'

(Idola) 개념을 제시했다.

그는 우상 개념을 통해 인간의 지식 탐구에서 오류를 일으키는 네 가지 편견, 즉 종족의 우상, 동굴의 우상, 시장의 우상, 극장의 우상을 경계하고 극복할 것을 주장했다.

"자연은 우리의 해석과 관찰을 기다리고 있다."

자연의 법칙을 발견하기 위해 직접적인 관찰과 실험이 필요하다는 그의 경험주의적 신념을 나타낸다.

"더 나은 질문이 더 나은 대답을 낳는다."

과학적 탐구에서 올바른 질문을 던지는 것이 진리에 이르는데 매우 중요함을 강조한 말이다.

"자연은 정복되지 않으면 결코 우리의 것이 되지 않는다."

과학적 탐구와 자연을 이해하려는 노력으로 인간이 자연을 다스릴 수 있게 한다는 생각을 표현한 말이다.

46

"나는 진리의 바다에서 아직 조약돌을 주운 것뿐이다."

뉴턴

#1643~1727년 #영국 #만유인력

아이작 뉴턴(Isaac Newton)은 물리학과 수학, 천문학에서 근대 과학의 혁명적 전환을 이끌어 냈으며, 그의 운동 법칙과 만유인력 법칙은 이후 과학적 탐구의 기본 원리가 됐다.

그는 과학적 탐구와 경험적 관찰을 통해 우주의 이해를 넓힌 선구자로서, 과학 혁명에 지대한 영향을 미친 위대한 인물로 평가받는다. 특히 '모든 물체가 서로를

끌어당긴다'는 만유인력 법칙을 통해, 천체 운동을 설명하고 지구상의 운동과 연결시켰다.

그의 대표 저서 '프린키피아'(Philosophiæ Naturalis Principia Mathematica)는 물리학과 천문학의 핵심 법칙을 다루며, 후대 과학의 기준이 됐다.

이 책에서 뉴턴은 만유인력 법칙과 운동의 3법칙을 통해 천체의 움직임과 지상의 운동이 동일한 법칙에 의해 설명될 수 있음을 입증했다. 그의 연구는 물리학뿐만 아니라 수학, 특히 미적분학에도 큰 영향을 주었으며, 독일의 라이프니츠와 더불어 미적분학의 기초를 확립한 인물로 평가된다.

"나는 멀리 보기 위해 거인의 어깨 위에 서 있었다."

뉴턴은 자신의 업적이 과거 위대한 학자들의 연구에 의존해 이루어졌음을 인정하며, 과학적 진보는 선대의 업적에 기반한다는 겸손한 태도를 보였다.

"자연은 간단하고 단순한 법칙을 좋아한다."

자연의 복잡함 속에서도 단순하고 명확한 법칙이 존재함을 강조하며, 이러한 법칙을 발견하려는 과학적 탐구의 중요성을 나타낸다.

"물체는 외부에서 힘을 가하지 않는 한, 정지하거나 등속도로 운동을 계속한다."

그의 운동 제1법칙, 즉 관성의 법칙을 설명한 말이다.

"모든 행위에는 크기가 같고 반대 방향의 반작용이 따른다."

작용과 반작용의 법칙을 설명한 말로, 이는 뉴턴의 운동 제3법칙을 나타낸다.

47

"내가 볼 수 없는 것을 믿지 않는다."

～⚹～

로버트 보일

#1627~1691년 #보일의_법칙 #현대_화학의_아버지

로버트 보일(Robert Boyle)은 영국의 화학자, 물리학자, 철학자로 '현대 화학의 아버지'로 불린다.

그는 실험적 방법론을 통해 화학을 연금술의 신비적 요소에서 벗어나 독립적인 과학으로 자리 잡게 하는 데 기여했다.

특히 '온도가 일정할 때, 기체의 부피는 압력에 반비례한다'는 '보일의 법칙'을 통해 기체의 물리적 성질을 설명했다.

이 법칙은 기체의 압력과 부피 관계를 수학적으로 설명해 자연 현상을 정량적으로 이해하려는 과학적 접근을 제시한 것으로 평가받는다.

그의 저서 '화학의 신학'(The Sceptical Chymist)은 연금술에서 벗어나 원소의 개념을 정의하고, 화학을 과학으로 격상시켰다.

"자연은 우리의 탐구를 기다리며, 관찰과 실험을 통해 그 비밀을 드러낸다."

과학적 탐구를 통해 자연의 원리를 발견하고자 하는 경험적 접근을 강조한 말이다.

"우리는 물질의 성질을 조사하고자 하는 진정한 화학자가 되어야 한다."

화학을 신비적 연금술이 아닌 과학으로 발전시키고자 했던 그의 목표를 보여준다.

"과학은 신이 창조한 세상의 법칙을 발견하는 도구이다."

신앙과 과학이 서로 조화될 수 있다는 그의 신념을 나타낸 말이다.

48

"작은 것을 통해
우리는 전체를 본다."

⦿⋇⦾

로버트 후크

#1635~1703년 #현미경 #후크의_법칙

로버트 후크(Robert Hooke)는 영국의 과학자, 물리학자, 건축가, 생물학자로서, 특히 탄성 법칙과 미시 세계 연구에서 중요한 업적을 남겼다. 그는 여러 과학 분야에서 실험과 발견을 통해 기여했으며, 현미경을 사용해 미생물과 세포를 관찰한 최초의 과학자 중 한 명이다. 후크는 미세한 생명체를 연구하는 데 관심이 많아 현미경으로 코르크의 세포 구조를 관찰했고, 그 내부 공간을 '세포'(Cell)라고 명명하였습니다. 이 용어는 이후 생물학에서 핵심 개념이 됐다.

그는 또한 '후크의 법칙'(Hooke's Law)을 발견해 탄성의 기초를 마련했다. 후크의 법칙은 물체에 가해지는 힘과 변형의 관계를 설명하며, "변형은 가해진 힘에 비례한다"는 원리를 제시한다. 이 법칙은 재료과학과 물리학에 큰 영향을 주어 현재까지도 널리 사용되고 있다.

"나는 자연의 미세한 비밀을 발견하는 데 끝없이 매료된다."

후크가 현미경으로 관찰하면서 발견한 미세 구조에 대한 호기심과 탐구심을 나타낸 말이다.

"변형은 가해진 힘에 비례한다."

후크의 법칙을 설명하는 말로, 그의 연구가 과학적 법칙으로 자리 잡았음을 의미한다.

"우리는 인간의 상상력을 통해 미지의 영역을 계속 확장할 수 있다."

새로운 관찰과 실험을 통해 자연의 미지 세계를 탐구하고자 하는 그의 과학적 자세를 보여준다,

49

"눈에 보이지 않는 것 속에 진리가 숨겨져 있다."

❦

레벤후크

#1632~1723년 #네덜란드 #미생물_연구의_선구자

안톤 판 레벤후크(Antonie van Leeuwenhoek)는 네덜란드의 과학자이자 미생물학자로 현미경 개발과 미생물 연구의 선구자로 유명하다. 그는 정밀하게 연마한 단일 렌즈 현미경을 사용해 미생물을 관찰한 최초의 사람 중 하나로, 미생물학의 창시자라 불린다.

그는 자신이 제작한 고배율 현미경으로 물, 치아, 혈액 등 다양한 시료를 관찰하며 박테리아, 원생동물, 적혈구 등을 처음으로 발견했다. 이러한 연구는 미시 세계의 실재를 확인시키며 과학적 혁신을 불러왔다.

그는 비록 과학적 훈련을 받지 않은 학자였다. 하지만 탁월한 관찰력과 끊임없는 호기심은 미생물학과 세포생물학 발전의 토대를 마련했다. 그는 과학을 통해 자연을 이해하는 것에 깊은 열정을 가지고 평생 현미경 연구에 몰두했다. 그의 발견은 유럽의 왕과 과학자들에게 큰 주목을 받았으며, 런던 왕립학회에 그의 연구가 여러 차례 제출되어 유럽 전역에 알려지게 됐다.

"나는 매우 작은 미생물이 거대한 세상을 이루고 있다는 것을 보았다."

그가 현미경으로 관찰한 미시 세계의 풍부함에 대한 감탄을 표현한 말이다.

"이 작은 생물들이 하나의 우주처럼 활동한다."

미생물의 구조와 활동이 복잡하다는 것을 관찰하고 이를 경이롭게 표현한 말이다.

"작은 것들은 눈에 보이지 않지만, 자연의 질서는
모든 것에 있다."

자연 속 미생물의 중요성을 인식하며, 자연 질서에
대한 존경심을 나타낸 말이다.

50

"두려움이
평화의 어머니"

❦

토마스 홉스

#1588~1679년 #사회계약론 #정치철학의_기초

토마스 홉스(Thomas Hobbes)는 영국의 철학자이자 정치 사상가로, 특히 사회계약론과 근대 정치철학의 기초를 세운 인물로 평가받는다. 그는 인간 본성에 대한 비관적인 시각으로 유명하며, 대표작 '리바이어던'(Leviathan)에서 인간이 스스로의 생존과 안전을 지키기 위해 강력한 정부와 사회 계약이 필요하다고 주장했다.

그는 인간의 자연 상태를 "만인의 만인에 대한 투쟁 상태"로 묘사했으며, 인간이 자연적 욕구와 이기심에 따라 행동하면서 결국 무정부적 혼란에 빠질 수 있다고 봤다. 이 때문에 사회계약을 통해 주권자가 통치하는 절대적인 권력을 갖춘 국가를 구성함으로써, 사람들이 평화와 질서를 유지할 수 있다고 주장했다.

그의 이론은 근대 정치철학과 법철학에 큰 영향을 미쳤으며, 이후 사회계약론을 발전시키는 기초가 됐다.

"인간의 자연 상태는 만인의 만인에 대한 투쟁 상태다."

홉스가 인간 본성을 기반으로 사회가 없을 때 발생하는 혼란과 갈등 상태를 묘사한 말이다.

"자연은 인간을 평등하게 만들었다."

그는 사람들이 본래 신체적·정신적으로 비슷한 능력을 가지고 있으며, 이를 바탕으로 갈등이 발생한다고 봤다.

"법이 없는 곳에는 불의도 없다."

사회계약과 법의 필요성을 설명하며, 법의 부재는 인간 사이에서 올바른 판단을 방해한다고 주장한 말이다.

51

"나는 생각한다, 고로 존재한다."

❦

데카르트

#1596〜1650년 #합리주의 #근대_철학의_아버지

르네 데카르트(René Descartes)는 프랑스의 철학자, 수학자, 과학자로 '근대 철학의 아버지'라 불린다. 그는 합리주의 철학의 창시자로서 의심과 이성을 통한 확실성의 추구를 강조했으며, 특히 "나는 생각한다, 고로 존재한다"(Cogito, ergo sum)라는 유명한 명제를 통해 존재의 근거를 자기 확신에 두는 철학적 입장을 확립했다.

그는 철학의 기초를 회의적 방법으로 세우고자 했다. 모든 것을 의심함으로써 절대적으로 확실한 진리를 찾으려 했고, 이 과정에서 '생각하는 자아'의 존재를 유일한 확실성으로 규명했다. 이로써 인간 이성이 감각 경험을 넘어 진리에 도달할 수 있다는 입장을 세웠으며, 그의 합리주의는 근대 서양철학의 기초가 됐다.

그는 수학과 기하학에도 큰 기여를 했다. 해석기하학을 창시해 기하학과 대수학을 결합했으며, 이 개념은 미적분학의 발전에 큰 기초가 됐다.

"의심할 수 없는 것이 확실한 것이다."

데카르트의 회의주의적 접근 방식을 나타내며, 확실한 지식을 찾기 위한 기준을 제시한 말이다.

"진리를 찾기 위해서는 가능한 한 모든 것에 대해 한 번쯤은 의심해봐야 한다."

기존 지식에 대한 무비판적 신뢰를 피하고 철저히 검증해야 한다는 그의 철학적 자세를 나타낸다.

"나의 의지는 지식보다 무한히 더 넓다."

인간의 이성적 의지는 한계를 넘어설 수 있음을 강조
한 말로, 의지의 자유를 중시한 그의 사상을 보여준다.

52

"신은
곧 자연이다."

〜※〜

스피노자

#1632~1677년 #에티카 #범신론

스피노자(Spinoza)는 범신론적 관점을 통해 신과 자연을 하나로 보는 사상을 주장했다. 이러한 그의 사상은 형이상학, 윤리학, 그리고 정치철학에 깊은 영향을 미쳤다.

그는 신과 세계를 초월적인 구분 없이 설명하며, 이를 통해 신을 우주 만물의 본질로 규정했다. 이같은 그의 철학은 저서 '에티카'(Ethica)에서 체계적으로 설명하고 있다. 이 책에서 그는 감정, 자유의지 그리고 행복에 대한 이해를 바탕으로 진정한 행복과 자유는 감정에서 벗어나 이성에 따라 사는 데 있다고 주장했다. 그는 자연 속에서 필연적 법칙에 따라 모든 것이 이루어진다고 보았으며, 인간이 자유롭게 되는 길은 감정을 이해하고 제어하는 것이라고 생각했다. 이러한 점에서 스피노자는 윤리학과 인식론을 연결한 철학자로 평가된다.

"자유로운 인간은 죽음에 대해 덜 생각하며, 지혜는 죽음이 아닌 삶에 대한 묵상이다."

스피노자의 인간관을 드러내며, 진정한 자유는 죽음이 아니라 삶에 대한 깊은 통찰에서 온다는 그의 견해를 나타내는 말이다.

"모든 사물은 자신의 존재와 활동을 지킬 힘을 가지고 있다."

존재하는 모든 것이 자신의 본성을 지키고자 하는 욕구, 즉 '코나투스'(conatus)를 지니고 있다고 주장한 말이다.

"우리의 최대 노력은 바로 진리를 이해하는 것이다."

그는 인간의 궁극적인 목표를 진리 추구로 보고, 이성을 통해 진리를 이해하는 것이 인생의 참된 목적이라고 여겼다.

53

"이 세상은 가능한
세계들 중 최선의 세계다."

❦

라이프니츠

#1646~1716년 #독일 #모나드론

라이프니츠(Leibniz, 1646년~1716년)는 독일의 철학자, 수학자, 과학자로 미적분학을 독자적으로 개발한 것으로 잘 알려져있다. 그의 철학은 형이상학, 논리학, 과학의 혁신적 통합을 이루었고, 특히 그는 '모나드론'을 통해 존재와 우주의 본질을 설명하고자 했다.

그는 사물의 본질을 '모나드'라는 독립적이고 불가분한 단위로 설명하며, 모든 존재가 이러한 단위로 구성된다고 주장했다. 또한 철학에서 이성에 의해 이해될 수 있는 최선의 가능 세계론을 제시했으며, 모든 사건이 일어나는 이유가 있으며 최선의 상태로 존재한다고 봤다.

그는 논리학의 기초를 닦았고, 수학적 기호와 논리를 통해 진리를 탐구하는 방식이 현대 논리학과 컴퓨터 과학에 중요한 영향을 미쳤다.

"모든 것은 그럴만한 이유가 있다."

충족이유율에 기반한 이 말은 모든 사건과 존재가 반드시 이유를 지닌다는 그의 철학적 원칙을 나타낸다.

"우리의 삶에서 어떤 결과든 무작위적이기보다는 이유와 논리적 연관성을 가진다."

우주와 인생의 모든 사건이 이유로 인해 연결되어 있다는 그의 철학적 입장을 보여줍니다.

"진리란 우리 인식의 불완전성을 깨닫는 데서 시
작된다."

　모든 진리가 합리적 원리에 따라 발견될 수 있다고
보았으며, 이성적 탐구를 통해 진리에 도달할 수 있음
을 강조한 말입니다.

54

"역사는 인류의
집합적 기억이다."

비코

#1668~1744년 #이탈리아 #현대_역사철학

지암바티스타 비코(Giambattista Vico)는 이탈리아의 철학자이자 역사학자로, 특히 역사 철학과 인문학적 접근을 통해 지식의 형성 과정을 탐구한 인물이다. 그는 역사는 인간의 창조물이므로, 그 속에서 인간의 본질과 발전을 이해할 수 있다고 주장하며 현대 역사철학의 초석을 다졌다.

그는 인간이 만든 사회와 역사를 통해 인간 본성을 연구하는 것을 중요시하였고, 인류의 역사적 발전이 주기적으로 반복된다고 보는 '역사 순환론'을 제시했습니다.

그는 저서 '새로운 과학'(New Science)은 신, 영웅, 인간의 시대로 나뉘는 세 단계의 역사 발전을 설명하고, 사회와 문화가 일정한 패턴을 따라 발전하고 쇠퇴한다고 주장했다.

비코의 사상은 그가 주장한 '만든 것만이 진리로 이해될 수 있다'는 원칙에 바탕을 두고, 인간의 역사와 문화를 심층적으로 이해하려는 철학적 시도로 평가받는다.

"인간은 자신이 만든 것만을 진정으로 알 수 있다."

비코의 인식론적 주장으로, 이는 역사가 인간의 산물이므로 인간이 이해할 수 있다는 그의 사상을 나타낸다.

"모든 나라는 반드시 신성한 시기를 거쳐, 영웅의 시기와 인간의 시기로 나아간다."

그의 역사 순환론을 나타내며, 인류의 발전과 퇴보가 반복된다는 그의 역사적 관점을 보여준다.

"역사적 진실은 시적 진실에서 출발한다."

초기 인간이 상징과 은유를 통해 세상을 이해한 방식에 대한 그의 생각을 담고 있는 말이다.
시적 사고가 진리의 초기 형태라는 의미다.

55

"모든 권력은
국민의 동의에서 나온다."

존 로크

#1632~1704년 #경험론 #계몽주의

민주주의와 사회 계약의 핵심을 이루는 존 로크(John Locke)의 주장으로, 정치 권력의 정당성을 시민의 동의에 두고 한 말이다.

로크는 영국의 철학자이자 계몽주의 사상가로, 근대 철학과 정치 사상의 발전에 큰 기여를 했다. 특히 '경험론의 아버지'로 불리며 "모든 지식은 경험을 통해 얻어진다"고 주장했다.

개인의 권리와 자유를 중요시하며 근대 민주주의의

기틀을 마련한 그의 사상은 후대의 사회 계약론과 근대 정치 철학에 큰 영향을 끼쳤다.

주요 저서인 '인간 오성론'(An Essay Concerning Human Understanding)에서 타고난 관념을 부정하고, 감각 경험과 내적 성찰을 통해 모든 지식이 형성된다는 경험론석 입장을 확립했다. 또 다른 저서 '통치론'(Two Treatises of Government)에서는 정치 권력이 시민의 동의에서 비롯되며, 정부의 목적은 시민의 생명, 자유, 재산을 보호하는 것이라는 입장을 제시하면서 자연권과 사회계약설에 대한 혁신적 견해를 나타냈다. 그의 사상은 특히 미국 독립 선언서와 프랑스 혁명에 깊은 영향을 미쳤다.

"인간의 마음은 본래 아무것도 쓰여 있지 않은 백지(Tabula Rasa)다."

이 말은 경험주의를 강조한 그의 철학을 요약하며, 지식이 선천적이 아니라 후천적으로 경험을 통해 형성된다는 의미를 담고 있다.

"인간은 모두 평등하게 창조됐으며, 생명과 자유
와 재산의 권리를 갖는다."

그의 자연권 사상을 나타내며, 인간의 기본 권리를
강조한 표현이다.

"사람의 행동은 그의 의견에 의해 인도된다."

사람들이 신념과 경험에 따라 사고하고 행동함을 강
조한 로크의 관점을 보여주는 말이다.

56

"존재하는 것은
지각되는 것이다."

조지 버클리

#1685~1753년 #아일랜드 #관념론

조지 버클리(George Berkeley)는 아일랜드 출신의 철학자이자 주교로, 주로 관념론과 인식론에서 중요한 영향을 미쳤다. 그는 경험론의 철학적 전통을 이어받았으며, 실재를 감각 경험을 통해서만 이해할 수 있다고 주장했다. 특히 "존재하는 것은 지각되는 것이다."(Esse est percipi)라는 그의 철학적 명제는 감각을 통해 지각하는 것만이 실재한다는 주장을 나타낸다.

그는 물질적 실재의 존재를 부정하고, 오직 정신과

관념만이 존재한다고 주장함으로써 철학사에서 독창적인 관념론적 입장을 세웠다. 그의 관념론은 저서 '인간 지식의 원리'와 '시도론'에 잘 나타나 있다.

그는 외부 세계가 독립적으로 존재하지 않으며, 우리의 정신 속에서만 존재한다는 주장을 폈다. 따라서 우리가 인식하는 모든 것은 우리의 지각 속에서만 의미를 갖게 된다고 봤다. 이는 데카르트와 로크의 물질적 실재의 존재를 긍정하는 관점과 대비되며, 그가 후대의 현상학과 관념론 철학에 큰 영향을 미친 이유가 됐다.

"모든 생각은 관념일 뿐이다."

버클리의 철학에서는 우리가 인식하는 모든 대상이 우리의 생각, 즉 관념에 불과하다는 주장이 핵심이다.

"하늘과 땅은 우리가 그것들을 지각하지 않을 때도 여전히 존재하는가?"

신의 지각에 의해서만 세계가 유지된다는 그의 신앙

적 입장을 보여주는 말이다.

"우리의 감각이 믿을 만한 진리라면, 우리는 결국 정신의 실재 속에서만 살아가는 것이다."

그는 물질적 실재에 대한 회의적 입장을 나타내며, 감각을 통해 경험하는 세계만이 실제적이라는 생각을 강조했다.

57

"인간은 이성적 존재라기 보다, 감정의 동물이다."

데이비드 흄

#1711~1776년 #스코트랜드 #경험주의

데이비드 흄(David Hume)은 스코틀랜드 출신의 철학자로 경험주의와 회의주의를 대표하는 인물입니다. 흄은 모든 지식은 경험에서 비롯된다고 주장하며, 인간의 이성과 인식에 대한 깊이 있는 분석을 통해 근대 철학에 중요한 기여를 했다.

그는 특히 인과 관계에 대한 회의적 입장을 통해 인과성이 실제 세계에 내재하는 법칙이 아니라, 단순히 우리의 마음이 만들어낸 관습에 불과하다고 주장했다.

그의 철학은 후대의 칸트, 실증주의 철학자들, 그리고 과학 철학에 큰 영향을 미쳤다.

주요 저서인 '인간 본성에 관한 논고'와 '인간 지성에 관한 탐구'에서 그는 모든 관념은 감각 경험에서 비롯된다는 경험론적 원리를 제시했다. 그는 자연법칙, 도덕적 가치, 종교적 믿음 등이 우리의 경험에 의해 형성된다는 점을 강조하면서도, 이러한 것들에 대한 절대적 진리를 주장하는 것에 대해 강한 회의를 표했다. 또한 감정이 도덕 판단의 원천이라 주장해, 도덕 철학에서도 독창적 시각을 제공했다.

"존재하는 것과 당위 사이에는 필연적 연결이 없다."

흄은 사실 판단과 가치 판단을 엄격히 구분하며, 존재하는 것만으로는 무엇이 마땅한지 알 수 없다고 주장했다.

"인과 관계는 단순한 경험적 추정에 불과하다."

이 말은 인과성을 객관적 사실로 받아들이는 관점에
대한 흄의 비판으로, 우리가 경험한 결과일 뿐 필연성
을 증명할 수 없다는 입장이다.

"기적은 확률의 법칙을 위반한 사건이다."

그는 종교적 믿음과 기적의 개념을 회의적으로 바
라보며, 기적을 자연의 법칙을 초월하는 일로 보지 않
았다.

58

"사람은 자유로운 존재가 될 때 자신의 참모습을 볼 수 있다."

～✦～

볼테르

#1694~1778년 #프랑스 #계몽주의

볼테르(Voltaire)는 프랑스 계몽주의 철학자이자 작가, 비평가로 이성, 자유, 개인의 권리, 종교적 관용을 강조했다.

그는 특히 종교적 독단, 정치적 억압, 그리고 미신에 대한 비판으로 유명했으며 풍자와 논쟁을 통해 사회적 개혁과 인류의 진보를 추구했다. 그의 대표작으로는 풍자 소설 '캉디드'가 있으며, 여기에서 볼테르는 사회의 부조리와 인간의 어리석음을 신랄하게 풍자한다.

그는 뛰어난 필력과 기지 넘치는 글로 사람들에게 깊은 인상을 남겼으며, 이는 계몽 사상가들이 인간의 자유와 행복을 위해 사회와 정부에 비판적 태도를 가져야 한다는 생각을 전파하는 데 큰 기여를 했다. 그의 글은 당대의 여러 논쟁을 촉발하며 프랑스 혁명의 사상적 토대가 되었고, 이후 유럽 사회 전체에 큰 영향을 미쳤다.

"미신은 이성을 대신해 무지와 공포를 낳는다."

볼테르는 미신이 진리와 이성을 왜곡하며 사회에 부정적인 영향을 미친다고 생각했다.

"신이 존재하지 않는다면, 우리는 그를 발명해야 할 것이다."

그는 도덕적 질서와 사회적 연대를 유지하기 위해 신의 개념이 유용할 수 있음을 시사했습니다.

"관용이 없는 사회는 폭력으로 물든다."

종교적 관용을 중요시했던 볼테르는 관용이 없으면
사회에 폭력과 분열이 생길 수 있다고 경고했다.

59

"권력은 권력으로 억제돼야 한다."

❧

몽테스키외

#1689~1755년 #권력_분립 #법의_정신

몽테스키외(Montesquieu)는 프랑스 계몽주의 철학자이자 정치사상가로, 법과 정부의 형태 그리고 권력 분립의 개념을 제안하며 근대 정치 철학에 큰 영향을 미쳤다.

그는 저서 '법의 정신'(De l'esprit des lois)에서 권력 분립 개념을 제안해 현대 민주주의 정치 시스템의 기초를 마련했다. 또한 입법, 행정, 사법의 권력을 서로 독립시키고 견제하도록 해야 한다고 주장하면서 절대 권력의 남용을 방지할 수 있다고 봤다.

그는 정부 형태가 그 나라의 기후, 경제, 풍습 등 여러 요인에 따라 달라진다고 분석했다. 따라서 자유를 보장하기 위한 제도적 장치를 강조했습니다. 이러한 그의 사상은 미국 헌법과 프랑스 혁명에 큰 영향을 주었고, 이후 현대 민주주의의 핵심 원리로 자리 잡았다.

"자유란 법이 허용하는 한에서 무엇이든 할 수 있는 권리다."

그는 진정한 자유는 무제한적인 자유가 아닌, 법을 지키는 가운데 주어진 자유라고 보았습니다.

"법은 자유의 어머니이다."

그는 법이 인간의 자유를 보장하는 수단이 될 수 있으며, 이를 통해서만 개인이 보호받고 안정된 사회가 유지된다고 주장했다.

"부패한 정부는 부패한 국민을 낳는다."

이 말은 지도자의 덕이 국가의 도덕성을 결정짓는 중
요한 요소임을 암시하며, 정치의 순수성과 지도자의 윤
리가 국가에 미치는 영향을 설명한다.

60

"국가는 과거, 현재,
미래 세대 간의 협약이다."

~✽~

에드먼드 버크

#1729~1797년 #영국 #근대_보수주의

에드먼드 버크(Edmund Burke)는 영국의 정치 철학자로 '근대 보수주의의 창시자'로 평가받는다. 그는 혁신보다는 전통과 점진적 변화를 중시하며, 프랑스 혁명에 대한 비판으로 유명하다.

그의 저서 '프랑스 혁명에 관한 성찰'(Reflections on the Revolution in France)은 당시 혁명의 급진적 성격을 비판하며, 사회의 점진적 발전과 전통의 중요성을 강조한 보수주의 철학의 기초를 세웠다.

그는 자유, 권리, 정의의 가치를 인정하면서도, 이를 사회적 안정과 전통적 질서 안에서 구현하려 했다. 또한 무질서한 혁명과 급진적 변화가 사회를 혼란과 폭력으로 몰아넣을 수 있다고 경고하며, 전통적 지혜와 제도를 존중할 것을 주장했다.

"악이 승리하는 유일한 조건은 선한 사람들이 아무것도 하지 않는 것이다."

시민적 책임과 정의로운 행동의 중요성을 강조한 말로, 사람들이 부당함에 침묵하면 악이 번성할 수 있음을 경고한다.

"인간의 자유는 질서와 균형 안에서만 지속될 수 있다."

자유는 무제한적인 것이 아니라, 전통과 사회적 질서 안에서 유지될 때 지속 가능하다는 생각을 나타낸다.

"모든 정치적 변화는 필연적으로 천천히 이루어
져야 한다."

급진적인 변화가 아니라 점진적이고 안정적인 개혁
이 사회를 지속 가능하게 만든다는 그의 철학을 드러
낸다.

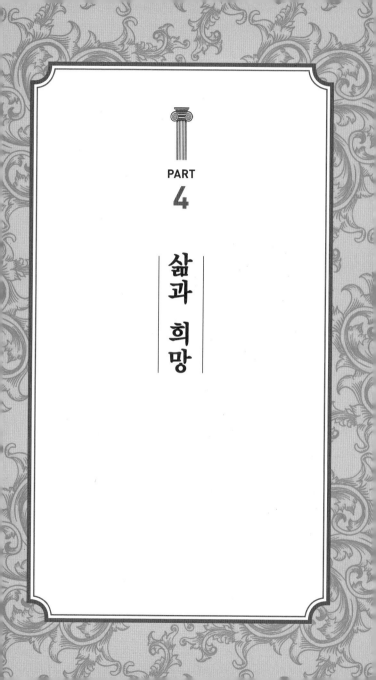

PART
4

삶과 희망

61

"여성은 단순히 남성의 기쁨을 위해 태어난 존재가 아니다."

메리 울스턴크래프트

#1759~1797년 #여성운동가 #여성의_권리_옹호

메리 울스턴크래프트(Mary Wollstonecraft)는 영국의 철학자로 근대 여성주의의 선구자로 평가받는다.

그녀는 여성의 권리와 평등을 주장하며 여성 교육의 필요성을 강조했다. 저서 '여성의 권리 옹호'(A Vindication of the Rights of Woman, 1792)에서 그녀는 여성이 남성과 동등한 이성과 권리를 지닌 존재임을 주장하며는 교육 기회의 평등과 사회적 차별의 철폐를 요구했다. 그녀는 특히 남성과 여성 모두 합리적이고 도덕적인 삶을 살도록 돕기 위해 교육이 필수적이라고 봤다. 당시 여성의 종속적인 사회적 위치를 비판하며, 여성이 독립적이고 자율적인 존재로 설 수 있는 권리를 주장했다. 그녀의 이런 주장은 현대 페미니즘의 사상적 기초를 마련한 중요한 작업이었다.

"여성은 더 나은 아내와 어머니가 되기 위해서가 아니라, 더 나은 인간이 되기 위해 교육받아야 한다."

여성 교육의 중요성을 역설하며, 교육이 단순히 가정의 역할에 국한되지 않아야 함을 강조한 말이다.

"이성은 인간에게 가장 고귀한 선물이며, 남성과 여성이 이를 동등하게 사용할 권리를 가진다."

남성과 여성이 이성을 바탕으로 평등하게 행동할 권리를 가져야 함을 주장한 말이다.

"여성이 노예 상태에 머물러 있는 한, 인류의 도덕적 진보는 불가능하다."

여성의 자유와 권리가 보장될 때에만 전체 사회의 발전이 이루어질 수 있다는 점을 강조한 말이다.

62

"국가의 진정한 부는 금과 은이 아니라 국민의 노동이다."

❧

아담 스미스

#1723~1790년 #근대_경제학의_아버지 #국부론

아담 스미스(Adam Smith)는 근대 경제학의 아버지로 불린다. 그의 유명한 저서인 '국부론'(The Wealth of Nations)은 자유시장 경제와 분업의 중요성을 강조하며 경제학의 독립적 학문으로서의 기초를 세웠다. 그는 또 다른 저서 '도덕감정론'(The Theory of Moral Sentiments)을 통해 도덕과 경제의 상호작용을 논하며, 인간 행동의 도덕적 기반을 탐구했다.

그는 자유로운 시장의 '보이지 않는 손'을 통해 경제가 자발적으로 조화를 이루고 발전한다고 주장했다.

보이지 않는 손(Invisible Hand)은 개인의 이익 추구가 사회 전체의 부를 증대시킨다고 보는 견해로 시장 경제가 자율적으로 균형과 효율성을 이루는 메커니즘을 설명한 유명한 개념이다. 그는 또한 자유무역과 경쟁을 통해 부의 증대와 사회적 번영이 가능하다고 봤다.

"개인이 자신의 이익을 추구할 때, 마치 보이지 않는 손에 의해 사회의 이익이 증진된다."

스미스의 시장 경제의 자연스러운 조화와 효율성을 설명하는 대표적인 문구이다.

"대지, 노동, 자본이라는 세 가지 원천이 모든 부의 창출을 가능하게 한다."

이 말은 경제학에서 생산 요소의 중요성을 지적한 말로, 현대 경제학의 기초를 이루고 있다.

"자유는 번영을 위한 필수 조건이다."

경제적 자유와 개인의 선택이 경제적 발전의 핵심이라는 그의 사상을 담고 있다.

63

"사람은 본래 선하다. 그러나 사회가 그를 타락시킨다."

❦

장 자크 루소

#1712~1778년 #계몽주의 #에밀

장 자크 루소(Jean-Jacques Rousseau)는 프랑스의 철학자로 계몽주의 시대를 대표하는 사상가. 작가이자 음악가이기도 한 루소는 개인 자유와 자연 상태, 사회계약론, 교육철학에 대한 독창적인 사상을 통해 근대 민주주의와 교육 이론에 큰 영향을 미쳤다. 그의 작품은 프랑스 혁명과 근대 정치철학의 발전에 결정적인 기여를 했다.

그의 철학은 인간의 본성을 중심으로 이루어졌으며,

인간은 본래 선하지만 사회적 구조와 문명이 그를 타락시킨다고 주장했다. 그는 이러한 생각을 바탕으로 자연 상태와 사회적 제도의 재구성을 논의하며, 자유와 평등의 실현 가능성을 모색했다.

주요 저서인 '에밀'(Emile)에서 그는 이상적인 자연주의적 교육 방법을 논하며, 아이들의 자유로운 성장을 강조했다.

"인간은 자유로운 존재로 태어났지만, 도처에서 쇠사슬에 묶여 있다."

저서 '사회계약론'에서 개인 자유와 사회적 구속 간의 갈등을 표현한 문장으로 루소 철학의 핵심을 나타낸다.

"법이 국민의 의지를 반영할 때에만 그 법은 정당하다."

이 말은 법의 정당성이 국민의 동의와 일반 의지에 기반해야 한다는 루소의 사상을 나타낸다.

"진정한 행복은 필요를 줄이고, 자발적으로 만족하는 데 있다."

물질주의와 욕망의 증가로 인한 인간의 불행을 경고하며, 내적 평화를 중시한 말이다.

64

"행복은 완전한 지식을 통해 이루어진다."

❊

크리스찬 볼프

#1679~1754년 #독일_철학 #이성의_중요성

크리스찬 볼프(Christian Wolff)는 근대 독일 계몽주의 철학의 대표적인 인물이다. 그는 라이프니츠의 철학을 체계적으로 발전시키고, 이성의 중요성을 강조하며 독일철학의 기초를 다졌다.

그는 철학을 대중화하려는 노력과 더불어, 논리적이고 체계적인 접근 방식을 통해 학문적 철학을 보다 쉽게 접근할 수 있는 형태로 정리했다. 철학을 논리학, 형이상학, 윤리학, 자연철학 등으로 세분화하고, 이를 체계적으로 설명했으며 모든 학문이 이성의 법칙에 의해 통합될 수 있다고 봤다.

그는 독일 철학의 토대를 마련한 인물로, 특히 칸트와 같은 후대 철학자들에게 큰 영향을 미쳤다.

"이성은 모든 학문의 근원이며, 우리를 진리에 이르게 하는 유일한 도구다."

철학에서 논리적 사고와 이성의 중요성을 드러낸 문구다.

"행복은 이성과 도덕적 법칙에 따른 삶의 결과물이다."

그는 행복과 도덕의 관계를 명확히 하며, 도덕적 삶이 행복으로 이어진다고 주장했다.

"철학은 단순히 학문적 논의가 아니라, 삶을 더 나은 방향으로 이끄는 실천적 도구다."

철학의 실용적 가치와 역할을 강조한 문구다.

65

"언어는
정신의 거울이다."

헤르더

#1774~1803년 #독일 #칸트의_제자

    요한 고트프리트 헤르더(Johann Gottfried Herder)는 독일 계몽주의와 낭만주의의 연결고리로 여겨지는 철학자, 신학자, 문학 이론가이다. 그는 문화와 민족성, 역사와 언어의 중요성, 그리고 인류의 보편적 발전에 대한 사상으로 유명하다.

    헤르더는 특히 역사철학과 문학 이론에서 중요한 인물로, 인간의 독창성과 문화적 다양성을 강조했다. 그는 칸트의 제자였지만 칸트 철학의 엄격한 합리주의를 비판하며, 인간 감정과 민족 문화를 더 중시하는 방향으로 나아갔다. 그의 사상은 독일 낭만주의와 민족주의에 영향을 미쳤다. 특히 그는 언어가 인간 사고의 본질이라고 봤다. 민족의 문화는 그 언어를 통해 표현되며, 언어는 민족의 독창성과 정체성을 반영한다고 주장했다.

"인간은 자연의 일부이며, 자연 속에서 자신의 역할을 깨달아야 한다."

인간 존재와 자연 간의 연관성을 철학적으로 설명한 말이다.

"역사는 인류가 스스로를 이해하고, 미래를 향해 나아가는 과정이다."

그는 역사를 단순히 과거를 기록하는 것이 아니라, 현재와 미래를 위한 교훈으로 봤다.

"진정한 문명은 다름을 인정하고, 모든 인간의 가치를 존중하는 데서 시작된다."

헤르더가 다문화주의와 인류의 보편적 가치를 강조한 말이다.

66

"행동은
모든 성공의 근본이다."

〜❊〜

괴테

#1749〜1832년 #독일_철학_문학의_거장 #파우스트

요한 볼프강 폰 괴테(Johann Wolfgang von Goethe)는 철학자, 시인, 소설가, 극작가로 독일 문학과 철학을 대표하는 거장이다. 그는 문학, 예술, 과학, 철학을 아우르는 다재다능한 인물로 독일 낭만주의와 고전주의의 연결고리로 여겨집니다.

그의 철학은 인간의 내면적 성찰, 자연과의 조화, 그리고 예술과 삶의 융합을 강조한다. 주요 문학 작품인 '파우스트'를 통해 인간의 욕망과 구원, 삶의 의미를 탐구했으며 '젊은 베르테르의 슬픔'에서는 유럽 낭만주의 문학의 선구적 작품으로, 감정과 개인의 고뇌를 중심으로 한 새로운 문학 경향을 열었다.

괴테는 단순한 문학가를 넘어, 색채 이론과 식물형태학 등 과학 연구에도 기여했다. 그는 과학을 인간과 자연 간의 관계를 탐구하는 방법으로 봤다. 또한 예술이 단순한 창작 행위를 넘어, 인간의 내적 성숙과 삶의 완성을 위한 수단이라고 여겼다.

"인간은 노력하는 한 방황한다."

'파우스트'에서 인간의 본질적 조건인 끊임없는 탐구와 발전을 나타낸 말이다.

"자연은 스스로를 드러내는 동시에 숨기고 있다."

자연의 신비와 인간의 탐구 정신을 나타낸 표현이다.

"인간은 자신을 극복할 때 진정한 자신이 된다."

자기 극복과 내적 성장을 통해 진정한 자아를 발견할 수 있음을 의미한다.

"나는 내가 이해할 수 없는 것을 사랑한다."

인간이 이해할 수 없는 신비로운 삶과 자연을 향한 경외심을 드러낸 말이다.

67

"인간은 그 자체로 목적이며, 결코 수단이 되어서는 안 된다."

～✦～

칸트

#1724~1804년 #근대_철학의_아버지 #순수이성비판

임마누엘 칸트(Immanuel Kant)가 인간 존엄성과 윤리적 대우를 강조한 표현이다. 칸트는 독일 철학자로서 근대 철학의 아버지로 불린다. 그는 계몽주의 시대의 중심 사상가로, 인간 이성과 도덕, 인식론, 형이상학에 대한 혁신적인 철학 체계를 구축했다. 그의 철학은 독일 관념론의 기초가 되었으며, 현대 철학에도 막대한 영향을 끼쳤다.

칸트는 비판 철학의 창시자로도 불린다. 그는 인간 인식의 한계를 규명하기 위해 세 가지 주요 비판서를 저술했다. 인간 인식과 경험의 기초를 탐구한 '순수이성비판', 도덕과 윤리의 원칙을 논의한 '실천이성비판', 예술과 자연 및 미학의 철학적 기초를 제시한 '판단력비판' 등이다.

특히 '코페르니쿠스적 전환'을 통해 철학의 방향을 바꾸며, 인간의 인식 능력과 경험의 한계를 탐구했다. 그는 전통적인 형이상학을 뒤집어, 객체가 주체에 의해 인식되는 방식을 강조했다. 즉, 인간의 경험이 세계를 이해하는 기준이라고 본 것이다.

"네가 행하는 모든 행동이 보편적 법칙이 될 수 있도록 행위하라."

정언명령의 핵심 원칙으로, 모든 도덕적 행동이 보편성을 가져야 한다는 뜻이다.

"계몽이란 인간이 스스로의 무지에서 벗어나는 것이다."

인간이 이성을 통해 자율적으로 사고하고 행동해야 함을 강조한 말이다.

"경험 없이는 감각이 공허하고, 개념 없이는 이해가 맹목적이다."

감각적 경험과 이성적 사고의 상호작용을 설명한 어록이다.

"두려움 없는 자유를 가져라."

개인의 이성과 자율성을 중시하며, 억압과 구속으로부터의 해방을 촉구하는 말이다.

68

"행동하라! 네가 누구인지
그 행동으로 증명하라."

〜✦〜

요한 고틀리프 피히테

#1762〜1814년 #칸트_철학의_계승자 #독일_국민에게_고함

요한 고틀리프 피히테(Johann Gottlieb Fichte)는 독일 관념론의 선구자이자 칸트 철학의 계승자로 알려진 철학자다. 그는 칸트의 인식론을 발전시키며, '자아'(自我)와 의지를 철학적 중심으로 삼아 주체성과 행동의 중요성을 강조했다.

그의 사상은 헤겔과 셸링 등 독일 관념론의 발전에 지대한 영향을 끼쳤으며, 나아가 독일 민족주의와 자유주의 사상에도 기여했다.

그는 특히 국가와 교육의 중요성을 강조했으며, 그의 사상은 독일 민족주의 운동에 영향을 미쳤다. 그의 대표적 저서 '독일 국민에게 고함'은 당시 나폴레옹 전쟁에 맞서 독일 국민의 자각과 단결을 촉구한 연설집이다.

그는 자유 의지와 행동을 강조하며, 인간은 자율적 존재로서 자신의 도덕적 책임을 스스로 결정해야 한다고 주장했다.

"인간은 스스로를 만드는 존재이다."

인간의 자율성과 자기 창조의 중요성을 강조하는 어록이다.

"자유는 타인의 자유를 존중하는 데서 시작된다."

공동체 속에서의 자유와 책임의 균형을 나타낸 말입니다.

"교육은 인간을 자유로운 존재로 만든다."

교육을 통해 인간이 도덕적, 지적 성숙을 이루고 자유를 획득할 수 있음을 강조한 표현이다.

69

"아름다움은 도덕적 선의 상징이다."

폰 쉴러

#1759~1805년 #독일_고전주의 #미학

프리드리히 폰 쉴러(Friedrich von Schiller)는 철학자, 극작가, 시인, 역사학자로 독일 고전주의를 대표하는 인물 중 한명이다. 쉴러는 요한 볼프강 폰 괴테와 함께 독일 문학의 황금기를 이끈 작가로, 그의 작품은 자유, 인간 존엄성, 도덕적 이상을 깊이 탐구했다. 그의 철학은 칸트의 윤리학에 영향을 받았으며, 미학과 윤리의 조화를 강조했다.

그는 문학 작품 속에 철학적 메시지를 담아내며, 예

술을 통한 인간 정신의 해방을 주장했다. 대표작으로는 '군도' '돈 카를로스' '빌헬름 텔' '마리아 스튜어트' 등이 있다. 그는 또한 미학적 교육이 인간의 도덕적 성숙에 필수적이라고 봤다. 저서 '미학적 교육에 관한 편지'에서 그는 예술이 인간의 감정과 이성을 균형 있게 발전시키는 역할을 한다고 주장했다.

특히 그는 괴테와의 협력으로 바이마르 고전주의를 발전시켰다. 두 사람의 교류는 독일 문학과 철학의 발전에 중요한 역할을 했다.

"인간은 놀이를 할 때만 진정으로 인간이다."

예술과 놀이를 통해 인간은 자유와 창의성을 발휘하며, 자신의 본질을 깨닫는다는 의미다.

"자유는 단순히 얻게 되는 것이 아니라, 스스로 이루어가는 것이다."

인간의 의지와 행동을 통해 자유가 성취될 수 있다는 그의 신념을 나타낸다.

"예술은 우리가 현실의 속박을 넘어서도록 도와준다."

예술이 인간에게 정신적 해방을 가져다준다는 그의 믿음을 담은 어록이다.

70

"자유는 생각을 말할 수 있는 용기에서 시작된다."

❧

마담 드 스탈

#1766~1817년 #여성_지식인의_선구자 #프랑스

제르멘 드 스탈(Germaine de Staël), 흔히 마담 드 스탈(Madame de Staël)로 알려진 그녀는 프랑스의 철학자, 작가, 정치 사상가이다. 그녀는 계몽주의와 낭만주의를 연결하는 다리 역할을 하며, 당시 정치와 문학에서 중요한 목소리를 냈다.

여성 지식인의 선구자로서, 그녀는 자신의 문학적, 정치적 영향력을 통해 자유주의 사상과 개인의 자유를 옹호했다.

프랑스혁명 이후 나폴레옹 보나파르트와 정치적 갈등을 겪으며 망명 생활을 이어갔다. 나폴레옹 체제를 강력히 비판하며, 자유와 민주주의를 지지했다. 그녀는 정치, 철학, 문학 비평을 결합한 저작을 통해 프랑스 낭만주의 발전에 기여했다. 특히 그녀는 파리의 지적 살롱을 운영하며 당대 지식인, 작가, 정치인과 교류했다. 당대 주요 인사들과의 교류로 그녀는 사상 형성에 영향을 받았다. 그녀는 여성도 정치적·지적 담론에 적극 참여해야 한다고 주장하며, 여성의 사회적 역할을 확장하려 노력했다.

"정치는 도덕적 원칙에 의해 지배되어야 한다."

정치가 단순한 권력 게임이 아닌 도덕적 가치와 원칙에 기반해야 한다는 신념이다.

"문학은 인간 영혼의 가장 깊은 감정을 반영하는 거울이다."

문학이 인간 본성과 사회적 현실을 드러내는 강력한
수단임을 나타낸 말이다.

**"여성의 지성은 사회를 변화시킬 수 있는 강력한
힘이다."**

여성의 지적 능력과 사회적 역할을 재평가하며, 성
평등의 중요성을 역설한 말이다.

71

"이성적인 것은 현실적이고, 현실적인 것은 이성적이다."

✧

헤겔

#1770~1831년 #관념론 #변증법

게오르크 빌헬름 프리드리히 헤겔(Georg Wilhelm Friedrich Hegel)은 독일의 대표적인 관념론 철학자다. 그는 역사, 정치, 윤리, 예술, 종교 등 다양한 분야에서 철학적 체계를 구축했다. 그는 변증법적 사고와 절대정신 개념을 통해 철학사의 중요한 전환점을 이끌었으며, 이후 마르크스주의, 실존주의, 현대 철학에 깊은 영향을 미쳤다.

그의 변증법적 방법론은 '정'(테제) '반'(안티테제) '합'(종합)

의 3단계 변증법을 통해 사상의 발전 과정을 설명했다. 이는 역사와 사상의 발전이 갈등과 통합을 반복하면서 진보한다고 보는 관점이다.

그는 세계의 모든 현실이 궁극적으로 '절대정신'(세계정신)에 의해 발전한다고 주장했다. 특히 역사를 이성의 전개 과정으로 보며, 필연적으로 자유의 실현을 향해 나아간다고 봤다. 그의 역사관은 인류의 진보를 이성적 과정으로 이해하는 데 중요한 기초를 제공했다.

헤겔은 이성이 모든 현실의 본질이라고 보며, 이성이 역사와 사회의 발전을 이끈다고 주장했다.

"자유란 필연성을 인식하는 것이다."

진정한 자유는 필연적 조건을 이해하고 그 속에서 자기결정을 내리는 데 있다고 강조했다.

"역사는 자유의 의식이 진보하는 과정이다."

역사는 인류가 점점 더 자유에 대한 이해와 실현을

발전시켜 나가는 과정이라는 주장이다.

"정신은 자기 자신을 이해하는 과정에서 발전한
다."

　인간 정신은 자기 인식과 자기 이해를 통해 점진적으
로 발전한다는 말이다.

72

"삶은 진동하는 시계추처럼 고통과 권태 사이를 오간다."

쇼펜하우어

#1788~1860년 #비관주의 #인간의_의지

아르투르 쇼펜하우어(Arthur Schopenhauer)는 독일의 대표적인 실존주의적 비관주의 철학자로, 의지와 현실을 중심으로 한 독특한 철학 체계를 구축했다.

그는 칸트 철학과 인도 철학(특히 불교와 힌두교)의 영향을 받아, 삶의 본질을 의지로 설명했다. 그의 철학은 이후 니체, 프로이트, 바그너 등 다양한 사상가와 예술가들에게 큰 영향을 미쳤다.

그는 저서 '의지와 표상으로서의 세계'(Die Welt als Wille

und Vorstellung)에서 세계는 인간의 의지에 의해 형성된다고 주장했다. 의지는 끝없는 욕망과 충동의 원천으로, 인간 고통의 근본 원인이다.

그는 삶은 고통이며, 인간은 의지에 지배당해 끊임없이 욕망을 추구하지만, 만족은 일시적일 뿐이라고 봤다. 특히 고통에서 벗어나는 길은 욕망의 부정과 금욕이라고 주장했다.

이타심과 '동정'(연민)을 윤리적 삶의 기초로 삼았던 그는 자기 이익을 초월한 연민이 인간 도덕적 행위의 근본이라고 봤다.

"가장 큰 지혜는 욕망을 줄이고 만족할 줄 아는 것이다."

욕망의 감소가 진정한 행복으로 가는 길이라는 금욕적 관점을 나타낸다.

"음악은 의지의 직접적 표현이다."

음악이 인간 의지와 감정을 가장 순수하게 표현하는
예술 형태라는 그의 예술관을 보여준다.

"우리는 우리가 원하는 것을 할 수 있지만, 우리
가 원하는 것을 원할 수는 없다."

인간의 의지와 자유에 대한 한계를 설명하며, 자유
의지의 한계를 탐구한 말이다.

73

"죽음에 이르는
병은 절망이다."

키에르케고르

#1813~1855년 #덴마크 #실존주의

쇠렌 키에르케고르(Søren Kierkegaard)는 덴마크의 문학가이자 실존주의 철학의 선구자로 평가받는다. 그는 개인의 주관적 경험, 신앙, 자유, 절망을 철학적 주제로 삼았으며, 인간이 어떻게 자신의 존재를 진정성 있게 살아갈 것인가를 탐구했다. 그의 사상은 실존주의, 신학, 심리학에 큰 영향을 미쳤다.

특히 그가 제시한 '세 가지 단계 인간의 삶'은 유명하다. 쾌락과 아름다움을 추구하며 살아가는 '미학적 단계', 도덕적 책임과 의무를 중시하는 '윤리적 단계', 신앙을 통해 절대자와의 관계를 맺는 '종교적 단계'가 인간 삶의 세 가지 단계다. 그는 종교적 단계에서 진정한 자기 실현이 이루어진다고 봤다.

그는 또한 불안을 인간이 자유와 가능성 앞에서 느끼는 감정이며 절망은 자신의 실존적 상태를 부정하거나 회피할 때 발생한다고 설명했다. 그는 이러한 감정을 극복하기 위해 신앙적 결단이 필요하다고 강조했다.

"신 앞에 선 단독자로서 살아라."

그는 사회적 관습이나 타인의 판단을 따르지 않고, 신과의 관계 속에서 개인적 책임을 지는 삶을 강조했다.

"위대한 것은 결코 두려움 없이 이루어지지 않는다."

불안과 두려움을 극복하는 것이 위대한 결단과 성취의 전제 조건임을 강조한 말이다.

"믿음이란 불가능한 것을 받아들이는 용기다."

그는 이성적 한계를 넘어선 신앙적 결단이 믿음의 본질임을 설명합니다.

74

"신은 죽었다.
그리고 우리가 그를 죽였다."

니체

#1844~1900년 #현대_철학 #포스트모더니즘

프리드리히 니체(Friedrich Nietzsche)는 서구 철학과 문화에 대한 비판을 통해 현대 철학에 깊은 영향을 미친 인물이다. 그는 기존 도덕과 종교, 특히 기독교 도덕을 비판하며 새로운 인간상과 가치 체계를 제시했다. 또한 실존주의, 포스트모더니즘, 정신분석학 등 여러 철학적 흐름에 지대한 영향을 끼쳤다.

그는 인간이 자신을 극복하고 새로운 가치를 창조할 수 있는 존재로서 '초인' 개념을 제시했다. 초인은 기존의 도덕과 가치관을 넘어 자기 자신의 법칙을 만드는 자를 뜻한다. 또한 세계를 권력과 힘의 의지로 이해했으며, 인간의 모든 행동은 권력을 추구하는 본능에서 나온다고 주장했다.

그는 삶이 무한히 반복된다는 개념을 통해 인간이 자신의 삶을 어떻게 받아들여야 하는지를 성찰하게 했다. 이는 현재의 순간을 영원히 반복될 수 있는 것처럼 살아야 한다는 메시지를 담고 있다.

'신은 죽었다'(Gott ist tot)는 니체의 가장 유명한 선언 중 하나로, 서구 사회의 도덕적, 종교적 기반이 무너졌음을 상징한다. 그는 기독교적 가치의 몰락과 새로운 가치 창조의 필요성을 강조했다.

"자신을 극복하는 자가 바로 초인이다."

인간은 자기 한계를 넘어 새로운 자아와 가치를 창조해야 한다는 메시지를 담고 있다.

"삶이 그대를 속일지라도 웃어라, 그리고 춤을 추어라."

고통과 역경 속에서도 삶을 긍정하고 즐기라는 그의 철학이 담긴 말이다.

"너의 삶을 사랑하라, 그것이 영원히 반복될 것처럼."

영원회귀 사상을 통해, 현재의 삶을 진정으로 받아들이고 긍정하라는 메시지다.

75

"쾌락은 선이고,
고통은 악이다."

제레미 벤담

#1748~1832년 #공리주의 #사회개혁가

제레미 벤담(Jeremy Bentham)은 영국의 철학자이자 법학자, 사회개혁가로 '공리주의'(Utilitarianism)의 창시자로 유명하다. 그는 모든 행동의 도덕적 가치는 그 행동이 가져오는 쾌락과 고통의 총량에 따라 결정된다고 봤다.

그는 행동의 결과를 분석하기 위해 쾌락과 고통을 수치화하여 계산하려는 시도를 했다. 이를 '쾌락 계산'(Hedonic Calculus)이라고 부른다. 쾌락의 강도, 지속성, 확실성, 근접성, 생산성, 순수성, 범위를 기준으로 행동의 결과를 평가했다.

그는 행동의 도덕적 가치를 판단하는 기준으로 '최대 다수의 최대 행복'이라는 원칙도 제시했습니다. 이 원칙이 사회적 정책과 법률의 근거로 사용돼야 한다는 게 그의 주장이다.

그의 사상은 법, 정치, 경제, 윤리학에 큰 영향을 미쳤으며, 사회 개혁과 법률 제도의 개선에 기여했다.

"법의 목적은 행복을 증진시키고 고통을 줄이는 것이다."

법과 사회 제도가 공익을 증진시켜야 한다는 그의 사상을 설명한다.

"모든 인간은 자신에게 이익이 되는 방향으로 행동하려는 경향이 있다."

인간의 행동 동기를 이익과 쾌락으로 설명한 말이다.

"권리란 법률이 인정하고 보호하는 이익이다."

벤담은 법적 권리를 사회적 계약의 산물로 보았다.

76

"만족한 돼지가 되기보다는 불만족한 인간이 되는 것이 낫다."

존 스튜어트 밀

#1806~1873년 #정치경제학자 #사회적평등

존 스튜어트 밀(John Stuart Mill)은 영국의 철학자, 정치경제학자, 사회 개혁가로, 고전적 자유주의와 공리주의의 대표적 사상가다. 그는 개인의 자유와 사회적 복지 간의 균형을 강조하며, 공리주의를 인간의 질적 쾌락과 자유의 중요성을 고려하는 방향으로 발전시켰다.

그의 사상은 정치철학, 윤리학, 경제학에서 지대한 영향을 미쳤으며, 여성 참정권과 같은 사회적 평등을 옹호했다.

그는 벤담의 공리주의를 발전시켜 쾌락의 질적 차이를 강조했다. '고등 쾌락'(지적, 도덕적 쾌락)과 '저등 쾌락'(육체적 쾌락)으로 쾌락을 구분한 그는 고등 쾌락이 더 가치 있다고 주장했다.

또한 저서 '자유론'(On Liberty)에서 개인의 자유를 강하게 옹호했다. 그는 타인에게 해를 끼치지 않는 한 개인은 자유롭게 행동할 권리가 있다고 주장했는데, 이는 현대 자유주의의 핵심 원칙 중 하나로 자리 잡았다.

"인류가 어떤 사람의 의견을 침묵시킨다면, 그 의견이 진리일 가능성을 침묵시키는 것이다."

표현의 자유가 중요하다는 것을을 강조한 말이다.

"자유는 타인의 자유를 침해하지 않는 한 절대적이다."

자유의 한계와 개인의 권리를 강조한 말이다.

"모든 진보는 비판적 사고에서 시작된다."

비판적 사고가 사회 발전의 원동력이라는 그의 신념을 담은 말이다.

77

"사회적 진보는 개개인의
자유에 달려 있다."

〜❋〜

허버트 스펜서

#1820～1903년 #사회_진화론 #자유방임주의

허버트 스펜서(Herbert Spencer)는 영국의 철학자, 사회
학자, 생물학자로 '사회 진화론'(Social Darwinism)의 창시
자로 알려져 있다. 그는 찰스 다윈의 자연 선택 이론을
사회와 인간 발전에 적용해 사회 진화론과 자유방임주
의를 옹호했다.

스펜서는 진화가 모든 사회적, 정치적, 경제적 변화
의 핵심 원리라고 봤으며, 사회학을 과학적 방법론으로
연구한 최초의 학자 중 한 명이다.

스펜서는 '적자생존'(Survival of the Fittest)이라는 표현을 만들어, 강한 자가 살아남고 약한 자가 도태된다는 개념을 사회에 적용했다. 그는 사회도 자연의 법칙에 따라 진화한다고 주장했다.

그는 정부의 개입을 최소화하고, 자유 시장 경제와 개인의 자율성을 강조했다. 자연적 과정이 사회를 발전시킬 것이므로, 인위적 개입은 불필요하다는 게 자유방임주의다.

"적자생존은 자연뿐 아니라 사회에도 적용된다."

자연 선택과 사회 진화론의 연결을 강조한 말이다.

"자연적 법칙은 인간 사회에도 적용된다. 인간은 그 속에서 배우고 적응해야 한다."

인간이 자연 법칙에 따라 사회적 진화에 적응해야 한다는 그의 철학적 입장이다.

"사회는 단순한 개인의 집합이 아니라, 유기체처럼 상호 의존한다."

스펜서의 사회 유기체론을 설명하는 구절이다.

78

"무지에 대한 인정이
지식의 첫걸음이다."

❧✳❧

찰스 다윈

#1809~1882년 #자연주의자 #종의_기원

찰스 다윈(Charles Darwin)은 영국의 자연주의자, 생물학자, 지질학자로, 진화론과 자연 선택 개념을 정립한 인물이다. 그의 이론은 생물학뿐 아니라 철학, 사회학, 윤리학 등 다양한 분야에 깊은 영향을 미쳤다. 다윈의 가장 유명한 저서인 '종의 기원'(On the Origin of Species, 1859)은 모든 생명체가 공통 조상에서 진화했으며, 자연 선택을 통해 환경에 적응한다고 주장했다. 이는 당시 과학계와 종교계에 큰 충격을 주었으며, 현대 생물학의 근간이 됐다.

진화론은 생명체는 세대에 걸쳐 변이하며, 자연 선택을 통해 환경에 적응하고 진화한다는 것이다. 이는 생물학적 다양성과 종의 변화를 설명하는 핵심 이론입니다.

또한 '자연 선택'(Natural Selection)은 생존에 유리한 특성을 가진 개체가 더 많이 번식하며, 이러한 특성이 후손에게 전해지는 과정이다. 다윈은 이를 '적자생존'의 원리로 설명했다.

그는 모든 생명체는 하나의 공통 조상에서 진화했다고 주장했다. 이는 생물학적 분류와 계통학의 기초가 됐다.

"가장 강한 종이 살아남는 것이 아니라, 가장 적응력이 뛰어난 종이 살아남는다."

변화에 대한 적응이 생존의 핵심이라는 그의 철학을 압축한 말이다.

"자연은 무한히 더 복잡하며, 우리는 그것을 결코 완전히 이해할 수 없다."

자연의 복잡성과 신비로움에 대한 경외감을 표현한 말이다.

"과거를 잊지 않고 미래를 생각하며 현재에 충실해야 한다."

시간과 변화에 대한 다윈의 통찰을 보여줍니다.

79

"교육은 삶의 준비가 아니라, 그 자체가 삶이다."

❧

존 듀이

#1859~1952년 #미국_교육철학 #프래그머티즘

존 듀이(John Dewey)는 미국의 대표적인 철학자, 교육학자, 심리학자로, '프래그머티즘'(실용주의)과 진보적 교육철학의 선구자다. 그는 교육이 민주주의 사회의 핵심이며, 경험을 통한 학습이 중요하다고 주장했다.

듀이는 이론과 실천을 결합하고, 교육, 철학, 사회 개혁을 하나로 통합하려는 노력을 통해 현대 교육에 큰 영향을 미쳤다.

'프래그머티즘'(실용주의)은 진리는 실제 경험과 결과를 통해 검증되며, 실생활에 유용한 것이어야 한다고 주장이다. 듀이는 철학이 현실 문제를 해결하는 도구여야 한다고 믿었다.

'경험 중심 교육'(Education through Experience), 그는 학생들이 직접 경험을 통해 학습해야 하며, 실생활과 연관된 문제 해결을 통해 사고력을 키워야 한다고 봤다.

듀이는 교육을 통해 사회적 불평등과 비민주적 요소를 개선할 수 있다고 믿었다. 그는 교육을 통해 자율적이고 책임감 있는 시민을 양성할 것을 주장했다.

"민주주의는 단순히 정치적 제도가 아니라, 삶의 방식이다."

민주주의가 사회적, 교육적 과정 전반에 적용되어야 한다는 그의 신념이다.

"우리가 하는 행동은 우리의 생각을 형성하고, 그 생각은 다시 우리의 행동을 형성한다."

사고와 행동의 상호작용을 강조하는 구절이다.

"진정한 학습은 단순한 지식의 습득이 아니라, 그
것을 실제로 적용하는 능력이다."

경험을 통한 학습과 실천의 중요성을 강조한 말이다.

80

"인간은 문명과 본능 사이에서 끊임없는 갈등을 겪는다."

지그문트 프로이트

#1856~1939년 #오스트리아_신경과학자 #정신분석학

지그문트 프로이트(Sigmund Freud)는 오스트리아의 신경과학자이자 정신분석학의 창시자로, 인간 무의식과 심리 구조를 탐구하며 현대 심리학, 철학, 문학 등에 지대한 영향을 미쳤다. 그는 인간의 행동이 무의식적인 욕망과 갈등에 의해 좌우된다고 주장했으며, 꿈 해석, 자아와 초자아 개념 등 심층 심리학의 기초를 확립했다.

그는 인간의 마음은 의식, 전의식, 무의식의 세 층위

로 구성돼 있으며, 특히 무의식(Unconscious)은 우리의 행동과 사고에 강력한 영향을 미친다고 주장했다.

정신 분석(psychoanalysis)도 그의 주요 사상이다. 꿈 분석, 자유 연상 기법 등을 통해 무의식의 갈등을 탐구하고 심리적 문제를 치료하려 했다.

리비도(Libido)는 그가 인간 행동의 동력으로 작용하는 성적 에너지를 강조한 것으로 성장과정에서 다양한 심리적 발달 단계를 거친다고 봤다.

"무의식은 결코 의식되지 않은 적이 없는 것이 아니라, 결코 잊히지 않는 것이다."

무의식의 지속적인 영향력을 강조한 말이다.

"우리는 자신을 속이지 않고서는 행복해질 수 없다."

자아와 무의식의 갈등이 인간의 행복에 미치는 영향을 시사한다.